JN408286

천연 재료라 더 착한 양초
소이캔들 만들기

소이캔들 만들기 : 천연 재료라 더 착한 양초

초판 발행 2014년 1월 1일
4쇄 발행 2015년 12월 30일

지은이 이송희 / **펴낸이** 김태헌
총괄 임규근 / **기획·편집** 신미경 / **교정교열** 박성숙
디자인 석운디자인 / **사진** 윤석원, 이송희 / **플로리스트** 편예린
영업 문윤식, 조유미 / **마케팅** 박상용, 서은옥 / **제작** 박성우

펴낸곳 한빛라이프 / **주소** 서울시 마포구 양화로7길 83 한빛빌딩 3층
전화 02-336-7129 / **팩스** 02-336-7124
등록 2013년 11월 14일 제 2013-000350호 / **ISBN** 979-11-951538-0-0 13630

한빛라이프는 한빛미디어(주)의 실용 브랜드로
나와 내 아이, 우리의 일상을 환히 비출 수 있는 책을 펴냅니다.

이 책에 대한 의견이나 오탈자 및 잘못된 내용에 대한 수정 정보는 한빛미디어(주)의 홈페이지나 아래 이메일로
알려주십시오. 잘못된 책은 구입하신 서점에서 교환해 드립니다. 책값은 뒤표지에 표시되어 있습니다.

한빛미디어 홈페이지 www.hanbit.co.kr / **이메일** ask_life@hanbit.co.kr

Published by HANBIT Life Printed in Korea
Copyright © 2014 이송희 & HANBIT Media, Inc.
이 책의 저작권은 이송희와 한빛미디어(주)에 있습니다.
저작권법에 의해 보호받는 저작물이므로 무단 복제 및 무단 전재를 금합니다.

지금 하지 않으면 할 수 없는 일이 있습니다.
책으로 펴내고 싶은 아이디어나 원고를 메일(writer@hanbit.co.kr)로 보내주세요.
한빛라이프는 여러분의 소중한 경험과 지식을 기다리고 있습니다.

천연 재료라 더 착한 양초
소이캔들 만들기

이송희 지음

한빛라이프

{ PROLOGUE

각자의 미스터리를 위하여

　　　　　　우리는 일상에서 아무 생각 없이 많은 물건을 사용한다. 하지만 문득, 이 물건은 어떻게 만들어졌을까 하는 의문이 드는 순간이 있다. 나의 손에 쥔 이 물건은 과연 어떤 재료를 사용하고 어떠한 과정을 거쳐 만들어졌을까? 물건을 사용하는 자와 멀끔하게 완성된 물건 사이의 그 메울 수 없는 깊은 간극은 완벽한 미스터리다. 이러한 물건의 비밀을 알 수 있다면 꽤 근사할 것이다.
　스스로 무엇인가를 만든다는 것은 바로 이 미스터리를 풀고자 하는 노력이다. 이를 위해서는 시간과 자원을 들여 '노력'해야 한다. 차라리 물건이 품은 수수께끼를 애써 외면하고 그 속을 알 수 없는 기성품을 구매하는 것이 시간과 돈을 절약하는 편한 길일 수 있다. 하지만 그런 사람들이 있다. 가볍고도 깊은 이 간극을 참을 수 없는 사람들 말이다.

　양초는 세상의 수많은 물건 중에서도 아주 작은 부분을 차지하는 일상적인 물건이다. 이 책은 이러한 양초에 대해 궁금해하는 아마추어들에게 그것이 만들어지는 과정을 차근차근 소개하고 있다. 이 책에서 소개하는 양초 만들기는 어려운 기술이나 특별한 도구, 재료가 필요하지 않다. 대신 부지런한 손과 약간의 잔머리는 필수다. 구하기 어렵고 비싼 재료보다는 주변에서 쉽게 찾을 수 있는 것들을 끌어 모아 최대한 활용하기를 권한다.

　제한된 자원과 조건 아래서 어떻게 하면 최대의 효과를 낼 수 있을지 고민하다 보면 의외의 해결 방법이 나오기 마련이다. 이때 필요한 것이 창의력과 상상력이다. 거창하고 추상적인 개

· PROLOGUE

념이 아닌, 자신이 맞닥뜨린 문제를 즐겁게 해결할 수 있는 나만의 열쇠와 같은 것이다. 단순한 양초 하나를 만드는 데도 충분히 상상력과 창의력을 발휘할 수 있다.

 수월한 문제 해결을 위해 가장 먼저 할 일은 만들고자 하는 양초의 이미지를 머릿속에서 꺼내 평면에 구체적으로 그려보는 일이다. 드로잉을 하는 동안 아이디어는 점점 구체화되고 실현 가능한지 감도 잡힌다. 그 후 드로잉을 최대한 똑같이 입체로 만들고자 노력해보자. 추상적인 아이디어로 존재했던 것이 드로잉을 거쳐 실제 양초라는 물건으로 실현되었을 때의 즐거움은 생각보다 매우 크다.

 처음의 아이디어 드로잉과 완성품을 비교해보는 재미는 보너스다. 공장 태생의 기성품과는 달리, 이러한 시간과 과정을 거쳐 완성된 양초에는 만든 사람의 특별한 이야기가 담기고 이것은 더욱 풍부한 미스터리가 된다. 이 책에서 소개하는 양초 만드는 방법을 응용해 모두 자신만의 미스터리를 하나씩 만들어 나가길 바란다.

이송희

CONTENTS

PROLOGUE 각자의 미스터리를 위하여 ————— 004

PART 01
일상에 온기를 주는 빛 소이캔들 ································· 010

1 : 천연 재료로 만드는 소이캔들을 만나다 ————— 012
2 : 나만의 양초로 탄생하는 기본 재료 ————— 018
3 : 양초를 만드는 데 필요한 기본 도구 ————— 032
4 : 필라 양초를 위한 재료와 도구 ————— 037
5 : 양초 재료와 컨테이너 쇼핑하기 ————— 042

PART 02
양초 만들기 전에 꼭 알아야 하는 3가지 ······················· 048

1 : 소이 왁스 녹이기 ————— 052
2 : 나무 심지 재단 & 고정하기 ————— 058
3 : 소이 왁스로 면 심지 코팅하기 ————— 062

PART 03
담는 곳에 따라 분위기가 달라지는
컨테이너 양초 · 066

CHAPTER 1
기본적인 컨테이너 양초 · 069

INTRO : 컨테이너 양초를 만들기 전에 준비할 것들 —— 070
MAKE 01 : 간단하게 만드는 면 심지 티라이트 양초 —— 072
MAKE 02 : 푸딩 틀로 만드는 나무 심지 아로마 양초 —— 076
MAKE 03 : 아웃도어용 틴케이스 아로마 양초 —— 080
MAKE 04 : 아름다운 그림자를 만드는 유리컵 양초 —— 084

CHAPTER 2
다채로운 색상의 컨테이너 양초 · 093

INTRO : 내가 원하는 모든 색으로 양초에 색을 입히다 —— 094
MAKE 01 : 기본적인 솔리드 컬러 양초 —— 100
MAKE 02 : 경계가 자연스러운 그러데이션 양초 —— 104
MAKE 03 : 여름에 어울리는 시원한 스트라이프 양초 —— 108
MAKE 04 : 삐딱해서 독특한 사선 양초 —— 112
MAKE 05 : 겉과 속이 다른 달걀 양초 —— 118

CHAPTER 3
표면이 아름다운 컨테이너 양초 · 123

INTRO : 양초의 못난 표면 매끈하게 만들기 — 124
MAKE 01 : 초콜릿 몰드로 만드는 개성 있는 유리컵 양초 — 126
MAKE 02 : 쿠키 커터로 만드는 재미있는 틴케이스 양초 — 132
MAKE 03 : 쿠키 커터로 만드는 특별한 할로윈 양초 — 136

PART 04
기둥을 따라 아름답게 녹아내리는
필라 양초 · 144

INTRO : 필라 양초를 만들기 전에 알아야 할 것들 — 148
MAKE 01 : 판매용 몰드로 만드는 보티브 양초 — 150
MAKE 02 : 원하는 오브제를 양초로 만들어주는 나만의 몰드 — 156
MAKE 03 : 새로운 형태의 컨테이너 + 필라 양초 — 172

PART 05
양초, 더 흥미롭게 만들기 · 178

1 : 양초에 개성을 더하는 라벨 & 포장 — 182
2 : 더 아름다운 불꽃을 위한 양초 관리법 — 194

PART
01

1 :
천연 재료로 만드는
소이캔들을 만나다

마음을 위로하는 향기,
양초

로맨틱 영화나 드라마 속 프러포즈 장면에 단골처럼 등장하는 것이 있다. 바로 양초이다. 수많은 양초에 불을 밝혀 공간을 장식하거나 분위기를 고조시키는 역할을 한다. 그래서일까, 양초는 생활필수품이라기보다는 분위기를 살리기 위해 사용하는 사치품처럼 여겨졌다. 금세 녹아버려 오래 사용할 수도 없는데 가격까지 비싸다 보니 내게 양초는 그저 순수한 사치와도 같았다.

 양초에 대한 이런 인식이 바뀐 것은 아주 작은 원룸에 살 때부터다. 내가 살았던 곳은 보통의 원룸에 비해 창문이 꽤 컸다. 하지만 바깥공기를 쐴 수 있는 곳이 창문 하나뿐이라 집 안을 환기시키기가 쉽지 않았다. 특히 원룸 한구석, 주방이라 부르기도 민망한 공간에 밴 냄새는 작은 환풍기 하나로 제거하기엔 역부족이었다. 더욱이 날이 따뜻해지기 시작하면 하수구에서 형용할 수 없는 역한 냄새가 스멀스멀 피어올랐다. 음식물 쓰레기를 바로바로 처리하고 청소를 열심히 해도 주방은 늘 눅눅하고 불쾌한 공간이었다. 습기까지 더해지는 여름에 더욱 괴로운 것은 두말하면 잔소리였다.

 어느 날 주방의 냄새를 해결할 요량으로 민트 향 양초를 만들어 태워보았다. 한 시간가량 지나자 집 안의 퀴퀴한 냄새가 사라지고 주방도 보송보송해졌다. 상쾌한 향은 보너스였다. 그날

이후 양초는 내게 사계절 필수품, 특히 여름과 겨울에는 항상 곁에 두어야만 하는 생존 아이템이 되었다.

양초를 계속 사용하다 보니 이러한 실용적인 장점들은 그저 부수적인 요소에 불과했다는 것을 깨달았다. 양초의 진짜 매력은 따로 있었다. 양초를 태우면 은은한 향이 실내 공기에 녹아들어 익숙한 공간에 전혀 다른 분위기의 옷을 입혔다. 특히 방에 양초를 켜놓은 다음 샤워를 하고 나오면 작은 방 안이 은은한 향기로 가득 차 하루의 스트레스가 풀리는 것은 물론 온몸이 나른해지면서 눈이 스스르 감겼다. 또한 촛불만 밝힌 어둑한 방 안 침대에 몸을 누이면 타닥타닥 나무 심지 타는 소리가 조용히 들렸다.

어디 그뿐이랴. 양초의 향긋한 내음과 나무 심지 타는 소리가 코와 귀를 호강시켰다면, 황금빛 불꽃은 눈에 호사를 선물했다. 살랑살랑 흔들리는 불꽃에 마음을 빼앗길 즈음이면 벽에 비친 불꽃의 그림자가 아름답게 일렁였다. 왁스는 적당히 녹아 훌륭한 황금빛 그러데이션을 만들고, 왁스에 갇혀 있던 공기 방울이 표면으로 조금씩 올라올 때면 마음은 이미 저 멀리 어딘가로 떠나 있었다. 음악이나 TV 소리가 없어도 지루하지 않았다. 더욱이 바람에 흔들리는 나뭇잎 소리, 빗소리, 혹은 사각사각 눈이 내리는 소리가 들릴 때면, 조용히 촛불을 바라보며 그 소리들을 듣는 것만으로도 온몸이 한없이 편안해졌다.

양초는 향으로, 색으로, 소리로 지친 나를 위로한다. 한순간 타올라 허무하게 사라지는 양초를 즐기는 게 사치일지라도, 가끔은 오직 자신만을 위해 이런 사치를 누려보라고 권하고 싶다.

100%
천연 콩기름으로 만들다

소이캔들은 콩으로 빚은 소이 왁스(Soybean Wax)로 만든다. 소이 왁스는 다른 왁스들보다 비교적 늦게 등장했지만 현재 양초를 만드는 이들 사이에서 가장 주목받고 있다. 100% 콩에서 추출한 기름으로 만드는 천연 왁스이면서 다른 천연 왁스에 비해 가격 경쟁력도 좋기 때문이다. 소이 왁스는 콩기름을 수소와 함께 가열해 고형으로 만드는 것인데, 바로 이 경화 과정을 통해 콩기름의 녹는점이 매우 낮아지면서 상온에서는 고체로 바뀐다.

양초를 만드는 데 주로 쓰이는 왁스는 소이 왁스 외에 야자나무에서 추출한 천연 오일로 만든 팜 왁스(Palm Wax), 벌집에서 추출한 고체 밀랍인 비즈 왁스(Bees Wax), 석유를 정제하는 과정에서 나오는 파라핀으로 만드는 파라핀 왁스(Paraffin Wax) 등이 있다. 이 가운데 가장 널리 알려진 것은 파라핀 왁스였다. 하지만 건강과 자연을 중시하는 바람이 불면서 최근에는 천연 성분으로 만든 소이 왁스, 팜 왁스, 비즈 왁스를 찾는 사람들이 점점 많아지고 있다.

파라핀 양초보다 향기로운 소이캔들

파라핀 왁스로 만든 양초는 입으로 불어 불을 끌 때 연기와 고약한 냄새가 난다. 향과 분위기에 취했던 양초의 향기로운 경험이 무너져 내리는 순간이다. 더욱이 파라핀 왁스는 석유를 정제할 때 나오는 부산물로 만들기 때문에 파라핀 양초를 태우면 벤젠 같은 몸에 해로운 물질이 나올 수 있다. 물론 환기를 잘 시키면 큰 문제는 없지만, 촛불을 켜면서도 이래저래 마음 한구석이 불편한 것은 사실이다.

반면 소이 왁스로 만든 양초는 파라핀 양초에 비해 초를 태울 때 연기가 훨씬 적고, 촛불을 끌 때도 불쾌한 냄새가 올라오지 않는다. 나무 심지로 만든 소이캔들의 경우 마치 모닥불을 피운 듯 나무 타는 소리가 에센셜 오일의 향과 함께 살며시 퍼지며 운치까지 더한다. 또한 같은 천연 재료면서도 비즈 왁스보다 가격이 저렴하고 색감과 질감이 매우 깨끗하다.

소이 왁스의 가장 큰 장점은 녹는점이 낮다는 것이다. 소이 왁스는 50~60℃의 따뜻한 물만 있으면 아주 잘 녹기 때문에 한 번 사용한 컨테이너를 재활용하기도 쉽다. 양초를 다 태운 컨테이너에 따뜻한 물을 부어 남아 있는 왁스를 녹인 후 닦아내면 깨끗해진다. 게다가 식물성 기름이라 세제나 비누에도 잘 제거되기 때문에 설거지하듯 세척하면 된다. 물론 파라핀 양초를 태운 컨테이너도 재활용이 가능하지만 컨테이너를 끓는 물에 넣고 파라핀 왁스를 녹이는 과정이 번거롭다.

내 손으로
만드는 즐거움

시중에서 판매하는 소이캔들은 개당 3만~10만 원으로 가격대가 다양하다. 그래서 양초를 직접 만들어 좋은 점은 바로 비용 절감이다. 그러나 성급하게 '저렴하다'고 말하지는 않겠다. 이는 DIY라는 단어가 주는 착각일 수 있다.(물론 양초에 한해서 하는 얘기다.) 양초를 만들기 위해 모든 도구를 구매했더라도 한두 번 만들 거라면 차라리 적당한 기성품을 사서 사용하는 편이 낫다. 어느 정도의 양을 꾸준히 만들 때, 즉 '손익분기점'을 넘길 때 비용 절감이라는 말이 성립되는 것이다.

  음식이든 물건이든 자신이 직접 만들 때 가장 좋은 점은 그 과정을 투명하게 알 수 있다는 것이다. 기성품에 성분 함량이 표기되었더라도 만드는 과정이나 재료의 품질을 투명하게 알기는 어렵다. 소이 왁스의 경우도 마찬가지다. 소이 왁스에 팜 왁스를 섞었는지, 파라핀 왁스를 섞었는지, 에센셜 오일 10%에 프레그런스 오일 90%를 넣고 '천연 에센셜 오일'을 사용했다고 하는지 명확히 알 수 없다. 그러나 자신이 직접 재료를 골라 양초를 만들면 무슨 기준으로 재료를 선택하고, 어떤 과정을 거쳐 만들었는지 하나부터 열까지 모두 알 수 있다. 이는 매우 중요한 점이다. 실제 에센셜 오일에서는 어떤 향이 나는지, 각 왁스의 질감과 색깔은 어떻게 다른지 알게 되면 기성품을 선택할 때도 인공 향과 천연 향을 구분할 수 있고, 어떤 재료를 썼는지 알고 선택할 수 있기 때문이다.

　두 번째 장점은 다양한 컨테이너를 사용할 수 있다는 것이다. 양초를 감상할 때 흔히 향과 불꽃 자체만 생각하는데, 실은 여기에 한 가지 요소를 더 추가해야 한다. 컨테이너 표면의 무늬나 질감, 그것만으로도 아름다운 그림자를 만들어낸다는 점이다. 그런데 시중에서 파는 양초 컨테이너의 경우 10개 중 9개는 표면이 매끈하다. 컨테이너 그림자라는 놀라운 변수를 고려하지 않았기 때문인데 이것은 양초를 즐길 때 그냥 지나치기에는 아까운 매우 아름다운 요소다.

　또한 컨테이너가 선사하는 그림자를 고려하면 양초를 담는 용기를 고르는 재미도 아주 쏠쏠하다. 불을 붙이기 전까지는 무슨 모양의 그림자가 생길지 예측하기 어렵고, 사용하기 전까지 그 모습을 기대하며 궁금해하고, 상상해보는 즐거움까지 얻을 수 있기 때문이다.

용기에 담긴 컨테이너 양초와 기둥처럼 서 있는 필라 양초

　모든 양초는 형태에 따라 컨테이너 양초(Container Candle)와 필라 양초(Pillar Candle), 두 가지로 나뉜다. 영어로 컨테이너(Container)는 무언가를 컨테인(Contain)할 수 있는 것, 즉 무언가를 담을 수 있는 모든 것을 일컫는다. 따라서 어떤 용기에 담긴 왁스가 용기 안에서 타는 형태의 양초를 컨테이너 양초라고 한다.

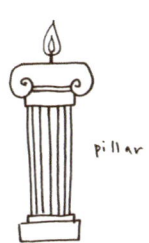

　필라(Pillar)는 기둥이라는 뜻으로, 컨테이너 없이 기둥처럼 혼자 서 있는 형태의 양초를 필라 양초라고 한다. 제사를 지내거나 갑자기 정전이 되었을 때 흔히 사용하는 멋없는 파라핀 양초가 바로 필라 양초다. 필라 양초를 만들기 위해서는 몰드(Mold), 즉 왁스를 부어 원하는 형태로 굳히기 위한 틀이 필요하다. 양초 재료 가게에서 파는 몰드를 이용해도 좋지만 자신이 좋아하는 모양의 오브제로 몰드를 떠서 나만의 필라 양초를 만드는 일이 더욱 매력적이다.

2:
나만의 양초로 탄생하는
기본 재료

용도별로
달리 사용하는 소이 왁스

소이캔들이 크게 컨테이너 양초와 필라 양초 두 종류로 나뉘듯 소이 왁스도 컨테이너용 왁스와 필라용 왁스 두 가지로 나뉜다. 어떤 종류의 양초를 만들지 정하고 그에 알맞은 왁스를 선택하여 사용한다.

컨테이너용 소이 왁스

컨테이너용 소이 왁스는 어딘가에 왁스를 담아 형태를 만드는 초, 즉 컨테이너 양초를 만들 때 사용하는데 손으로 누르면 푹 꺼질 만큼 무른 것이 특징이다. 또 녹는점이 매우 낮아서 날이 더워 기온이 높을 때는 왁스가 조금씩 녹기도 하지만 어차피 용기에 담겨 있으므로 신경 쓸 필요는 없다.

현재 컨테이너용으로 우리나라에 수입되는 소이 왁스는 에코소야(EcoSoya), 네이처 왁스(Nature Wax), 골든 왁스(Golden Wax), 이렇게 세 브랜드의 제품이다. 제품별로 녹는점은 물론 컵에 붓는 권장 온도와 특징이 각기 다르다.

소이캔들 만들기

왼쪽부터 네이처 왁스, 골든 왁스, 에코소야

| 브랜드별 소이 왁스의 특징 |

특징	에코소야	네이처 왁스	골든 왁스
녹는점	43.8℃	37.7℃	46.1~48.3℃
컵에 붓는 권장 온도	약 50℃	약 50℃	약 75~80℃
발향력	약함	우수	우수
표면	깔끔	깔끔	지저분
난이도	초보자	초보자	중급 이상

필라용 소이 왁스

필라용 소이 왁스는 컨테이너용 소이 왁스보다 녹는점이 높고 훨씬 딱딱한 것이 특징이다. 현재 필라용으로 수입되는 브랜드는 에코소야뿐이다. 필라용 소이 왁스는 녹는점이 54.4℃이고, 몰드에 붓는 적정 온도는 약 80℃다.

양초의 크기에 따라
달라지는 심지와 심지 탭

심지를 세우는 심지 탭

탭은 심지를 끼워 컨테이너에 똑바로 세울 수 있게 돕는 일종의 클립으로 필라 양초에는 사용하지 않는다. 심지 탭은 면 심지와 나무 심지에 사용하는 것이 각기 다르다. 사진 왼쪽의 탭은 두 개 모두 나무 심지용 클립이다. 나무 심지용 탭에는 원형 탭과 사각 탭이 있는데, 사각 탭은

왼쪽부터 심지 탭, 나무 심지(S, M, L, XL), 재단-코팅된 면 심지, 재단된 면 심지, 면 심지 타래

나무 심지의 크기에 따라 S부터 XL 사이즈까지 모두 사용할 수 있고, 원형 탭은 M부터 XL 사이즈까지 맞는다.

장작 타는 소리를 내는 나무 심지

나무 심지는 소이 왁스처럼 최근에 등장했다. 아주 얇은 나무 두 개를 붙인 형태인데, 심지의 면적이 넓은 만큼 불꽃 모양이 크고 아름다워 면 심지보다 불꽃을 감상하는 맛이 있다.

  나무 심지는 파라핀이나 비즈 혹은 팜 왁스 중 무엇과 함께 사용해도 상관없다. 하지만 가장 널리 쓰이고 궁합이 잘 맞는 것은 소이 왁스다. 에센셜 오일을 첨가한 소이캔들에 나무 심지를 넣어 만들면 초를 태울 때 미니 장작이 타는 듯한 타닥타닥, 자작자작 소리가 난다. 설마 촛불에서 이런 소리가 날까 싶겠지만, 초에 불을 피워놓고 아름다운 불꽃 속에서 들려오는 이 매력적인 소리를 듣고 있노라면 몸과 마음이 편안하게 안정되는 것을 느낄 수 있다. 나무 심지는 양초를 만들 컨테이너의 너비에 알맞은 크기를 선택해서 사용해야 한다.

| 나무 심지 사이즈에 따른 컨테이너 |

심지 사이즈	심지 크기(너비×높이)	컨테이너(너비)
S	0.6×8~9cm	4cm 내외의 작은 컨테이너 (티라이트, 보티브 등)
M	0.9×11~12cm	5~6cm 내외
L	1.4×12~13cm	7~8cm 내외
XL	1.9×12~13cm	9~10cm 내외

위 표는 나무 심지 사이즈에 따라 권장하는 컨테이너의 너비다. 심지가 양초의 크기에 정확히 맞도록 정교하게 만들고 싶다면, 같은 컨테이너에 여러 번 양초를 만들어 테스트해보고 적당

한 크기를 골라 사용한다. 예를 들어 너비가 7.1cm인 컨테이너에 L사이즈 심지를 사용했는데 양초가 너무 빨리 타 내리는 것 같으면, 그림과 같이 심지를 0.1~0.3mm 정도 잘라 내고 사용해본다.

약 한 시간 정도 양초 표면이 고르게 녹았다면 적당한 속도로 타는 것이라고 할 수 있다. 만약 심지 너비가 너무 좁은 것을 사용하면 왁스가 골고루 타지 않고 구멍처럼 속으로만 파고 들어가며 타고, 심지 너비가 너무 넓으면 왁스는 고르게 녹지만 지나치게 빨리 타 비경제적이다.

다양한 종류의 면 심지

면 심지는 거의 모든 왁스에 사용할 수 있는 가장 대중적인 심지다. 100% 면으로 만든 면 심지는 적당한 길이로 잘라 왁스로 코팅하고 심지 탭까지 끼운 면 심지, 왁스로 코팅하지 않고 1m 정도로만 자른 면 심지, 왁스로 코팅하지 않고 실타래처럼 둘둘 감아놓아 원하는 길이로 잘라서 사용할 수 있는 면 심지 타래, 이렇게 세 종류가 있다.

최근에는 천연 재료로 만든 왁스가 주목을 받으면서 천연 왁스용 심지의 종류도 다양해지고 있다. 그 중 하나는 '에코 심지'로 가는 종이 실을 면과 함께 엮어 강도와 내구성을 개선한 심지다. 소이 왁스처럼 녹는점이 낮은 왁스에 적합한 심지이며, 비즈 왁스로 코팅한 심지를 심지 탭에 끼운 형태로 판매한다.

천연 왁스용 심지에는 '스모크리스(Smokeless) 심지'도 있다. 면 심지보다 강도와 내구성이 좋으며 이름 그대로 그을음이 매우 적어 양초가 깔끔하게 탄다. 면 심지와 마찬가지로 비즈 왁스로 코팅하여 심지 탭을 끼운 심지, 왁스로 코팅하지 않고 1~5m 정도로 재단한 심지, 왁스로 코팅하지 않고 실타래처럼 둘둘 감은 대용량 심지, 이렇게 세 가지 종류로 판매하고 있다.

왁스 코팅을 하지 않은 면 심지는 양초를 만들 때 따로 왁스에 담가 코팅해서 쓰면 된다. 심지에 왁스로 코팅을 하는 것은 양초를 만들 때 심지를 곧게 세우기 위한 과정이다. 또한 심지 속

| 면 심지 사이즈에 따른 양초 |

심지 번호	양초(너비)
12번	3.7cm 내외
14번	4cm 내외
16번	4.3cm 내외
18번	4.7cm 내외
20번	5.2cm 내외
22번	5.7cm 내외
24번	6.2cm 내외
26번	6.7cm 내외
28번	7.5cm 내외
30번	8.5cm 내외

| 에코 심지 사이즈에 따른 양초 |

심지 번호	양초(너비)
0.5호	3.8cm 내외
1호	4cm 내외
2호	4.5cm 내외
4호	5.3cm 내외
6호	6cm 내외
8호	6.5cm 내외
10호	7.5cm 내외
12호	8.5cm 내외
14호	9.5cm 내외

| 스모크리스 심지 사이즈에 따른 양초 |

심지 번호	양초(너비)
1호	3.8cm 내외
2호	4cm 내외
3호	6cm 내외
4호	7cm 내외
5호	8cm 내외
6호	9~10cm 내외

∗ 심지 사이즈는 모두 '젤캔들샵' 판매 기준

　빈틈을 없애 양초를 태울 때 심지에서 기포가 나오는 것을 막아 더 원활한 연소를 도우므로 코팅 작업은 해주는 것이 훨씬 좋다.
　소이 왁스에는 '내추럴 왁스용'이라고 표기된 면 심지를 사용하면 좋다. 내추럴 왁스용은 정제된 밀랍으로 코팅되어 있고, 파라핀용은 파라핀으로 코팅되어 있다. 면 심지는 반드시 양초용으로 나온 제품만 사용해야 한다. 면제품이라고 아무거나 사용하면 집 안이 온통 그을음으로 새까맣게 변할 수도 있으니 주의한다. 면 심지의 굵기는 만드는 양초의 너비에 따라 고른다. 판매처마다 면 심지의 명칭이 다를 수 있으므로 컨테이너의 사이즈를 정확히 알고 알맞은 두께의 면 심지 사이즈를 확인하는 것이 좋다.
　필라 양초의 겉 모양은 남기고 속을 태우고 싶다면 권장 사이즈에서 두 단계 정도 작은 심지를 사용하면 된다. 심지가 속으로만 파고 들어가면서 연소되어 양초의 겉 부분만 남기고 타기 때문이다. 대신 불꽃이 작아지는 것을 감수해야 한다.

소이캔들 만들기 •

양초에 색을 입히는 염료

양초에 색을 내는 염료에는 크게 인공 염료와 천연 염료가 있다. 보통은 양초용으로 출시된 인공 염료를 사용하지만, 천연 재료로 만든 양초라는 일관성을 지키기 위해 천연 염료로 색을 내는 사람들도 늘고 있다.

인공 염료

인공 염료에는 액상 염료와 고체 염료 두 가지가 있다. 액상 염료는 눈금이 표시된 플라스틱 병에 담겨 있는데, 가루가 가라앉아 있으므로 잘 흔들어서 사용한다. 고체 염료는 보통 포일에 쌓여 있는데, 색이 진하게 농축되어 있어 노란색과 흰색 외에는 거의 모든 색이 까맣게 보인다. 고체 염료를 깎아서 이미 녹인 왁스에 조금씩 넣으면서 자신이 원하는 색깔을 만들면 된다. 많이 넣으면 진한 색, 조금 넣으면 연한 색이 나온다.

액상 염료(위)와 고체 염료(아래)

천연 염료

천연 염료는 대부분 비누를 만드는 데 사용하는 식물이나 곤충의 가루다. 사실 인공 염료를 쓴다고 해서 몸에 해로운 것은 아니며(증명된 바가 없다), 천연 염료를 사용한다고 해서 그 염료의 효과를 확인할 수 있는 것도 아니다. 예를 들어 쪽가루를 넣어 만든 양초가 항균 기능을 하는지는 알 수 없다.

내가 천연 염료로 색을 내기 시작한 것은 순전히 일관성에 대한 고집 때문이었다. 천연 소이

왼쪽부터 청대가루, 쪽가루, 해초 분말

왁스에 천연 에센셜 오일을 사용하고 심지 탭을 고정시키는 접착제도 조심스러워 넣지 않고 나무 심지까지 썼는데, 인공 재료를 넣기가 망설여졌다. 문제는 소이 왁스 전용 천연 염료가 없다는 점이었다. 생각 끝에 비누에 색깔을 내는 천연 가루를 사용해보았다. 그러나 천연 재료이다 보니 인공 염료보다는 자외선에 약해 쉽게 색이 변하거나 바래 다루기가 까다롭다는 단점이 있다.

양초의 향을 좌우하는 향료

양초를 만드는 데 중요한 요소인 향료는 말 그대로 향기를 내는 데 필요한 재료다. 향료에는 프레그런스 오일이라 불리는 인공 향료와 에센셜 오일로 알려진 천연 향료가 있다.

프레그런스 오일

프레그런스 오일은 여러 가지 향을 인공으로 합성해서 만든 것을 말한다. 보통 투명 플라스틱 용기에 담겨 있는데, 요즘은 인공 향도 역하지 않게 잘 만드는 것은 물론 가격도 저렴한 편이라 이것저것 다양한 향을 시험해보기에 아주 좋다.

프레그런스 오일은 에센셜 오일에 비해 가격이 저렴하고 온도에도 덜 민감해 다루기가 쉽다. 그

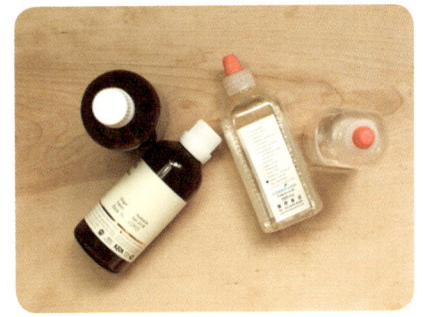

렇더라도 반드시 오프라인 매장을 방문해 향을 맡아보고 구입하길 권한다. 아무리 좋은 향이라도 특유의 인공적인 냄새에 거부감을 느끼는 사람도 적지 않기 때문이다.

에센셜 오일

에센셜 오일은 향기가 나는 식물의 꽃, 뿌리나 잎, 줄기 등에서 추출한 100% 식물성 오일이다. '100% pure'라고 표기한 오일은 그 어떤 첨가물도 넣지 않은 천연 에센셜 오일이다. 식물에서 추출한 물질을 농축해서 만들기 때문에 향이 굉장히 강한 것이 특징이며, 식물의 종류에 따라 인체에 여러 가지 약리 작용을 하는 효과도 있다.

에센셜 오일은 향을 맡을 때 용기에 직접 코를 대지 말고 오일이 묻어 있는 뚜껑을 코끝에서 살살 흔들어가며 맡아야 한다. 농축된 물질이라 향이 굉장히 독해서 직접 냄새를 맡으면 코와 목이 따갑고 눈이 아플 수 있다.

에센셜 오일은 무조건 많이 넣는다고 좋은 것이 아니다. 향의 종류에 따라 첨가하는 비율을 달리해야 본래의 향을 제대로 느낄 수 있다. 에센셜 오일은 보통 만들고자 하는 소이캔들의 3~4%가 권장 비율이었는데 최근에는 그 양을 조금 늘려 5~7% 혹은 8~9%까지 넣기도 한다. 그러나 8~9%는 지나치게 많은 편으로 최대 7%가 적당하다.

오일을 너무 많이 넣으면 양초가 굳었을 때 오일이 왁스와 겉도는 경우가 있다. 마치 물에 설탕을 너무 많이 넣으면 녹지 않고 가라앉는 것처럼 오일이 왁스와 잘 섞이지 못하고 겉돌아 생기는 현상이다. 과도하게 첨가한 오일이 양초 표면으로 흘러나와 보기에 예쁘지 않을 뿐만 아니라 오일을 낭비하게 되니 비경제적이다.

에센셜 오일의 향이 무겁고 강하면 조금 넣어야 한다. 일랑일랑은 5%, 라벤더나 민트는 7% 정도가 적당하다. 그리고 양초를 만들 때 에센셜 오일이나 프레그런스 오일 대신 집에 있는 향수나 보디 오일을 넣어도 되는지 묻는 사람이 많은데 반드시 양초용 오일만 사용해야 한다. 그럼에도 향수나 보디 오일을 사용해보고 싶다면, 작은 용기에 시험 삼아 양초를 만들어보고 반드시 환기가 잘되는 곳에서 태운다.

다음은 에센셜 오일의 효과와 블렌딩을 했을 때 궁합이 잘 맞는 오일이다.

| 에센셜 오일의 효과와 블렌딩 |

종류	효과	블렌딩
라벤더(Lavender)	허브의 여왕이라고 불리는 라벤더는 신경 안정 및 불안을 해소하는 효과가 있다. 불면증 해소에도 도움을 주어 침실에 어울린다. 벌레가 싫어하는 향이기도 하다.	라벤더는 어느 오일과 섞어도 잘 어울린다. 시트러스 계열 향과 잘 블렌딩되며 시더우드, 제라늄 등의 오일과도 궁합이 잘 맞는다.
민트(Mint)	멘톨 성분이 청량감을 주는 민트는 소화를 돕고 머리를 맑게 해 정신 집중에 도움을 준다.	유칼립투스, 제라늄, 라벤더, 레몬, 로즈메리, 티트리 등
일랑일랑(Ylang-Ylang)	동남아시아가 원산지인 일랑일랑 꽃은 불안과 스트레스를 감소시키고 향우울 효과가 있다. 모발 관리에도 많이 사용하며 생리전증후군(PMS)의 치료에도 유용하다. 하지만 가장 널리 알려진 것은 최음 효과로 동남아시아에서는 신혼부부 방에 이 꽃을 가져다 놓는 풍습이 있다.	베르가모트, 라벤더, 샌들우드, 재스민, 로즈 등
유칼립투스(Eucalyptus)	유칼립투스 오일은 천식과 같은 호흡기 질환을 완화시키는 효과가 있는 것으로 알려져 있다. 벌레가 매우 싫어하는 향이라 여름철에 모기를 쫓는 데도 많이 사용한다.	시더우드, 캐모마일, 제라늄, 진저(생강), 라벤더, 레몬, 페퍼민트, 로즈메리 등
시더우드(Cedarwood)	시더우드는 살균작용 및 항염 효과가 뛰어나 여드름에 좋다고 알려져 있다. 가벼운 이뇨작용으로 부종과 지방 분해에도 도움을 준다.	베르가모트, 시나몬(계피), 프랑킨센스, 레몬, 라벤더, 로즈메리 등

에센셜 오일 계산법

　　양초에 향을 더하는 에센셜 오일은 종류에 따라 왁스 중량의 3~7% 정도 넣는 것이 적당하며, 오일을 많이 넣을수록 향이 강하다. 그러나 무조건 많이 넣는다고 좋은 것은 아니다. 양초를 처음 만들 때는 5%를 기준으로 잡고 취향에 따라 오일의 양을 늘리거나 줄인다.

　오일의 양은 왁스 중량에 넣고자 하는 오일의 비율을 곱해서 측정한다. 예를 들어 왁스 210g에 오일 7%를 넣는다고 가정하면, 210g×0.07=14.7ml라는 답이 나온다.

　하지만 이 계산법은 정확하지 않다. 단위가 환산되지 않기 때문이다. 물은 1ml=1g이라는 계산이 맞지만 오일은 1000ml가 850g 정도 된다.(이마저도 정확한 것은 아니다. 오일마다 비중이 다르기 때문이다.) 다시 말하면 210g×0.07=14.7ml가 아닌 14.7g이다. 그러므로 이것을 다시 밀리리터로 바꿔 계량스푼으로 오일의 양을 재야 하는 것이다.

　오일은 약 1.176ml가 1g이다. 그러므로 14.7g×1.176=17.29ml가 정확한 분량이다. 오일의 양을 정확하게 재서 사용하려면 이 계산법을 적용하면 된다. 즉, (소이 왁스 중량×오일의 퍼센트)×1.176의 답이 정확한 오일 분량이다.

　판매하는 양초는 정확한 정보를 제공해야 하므로 복잡한 계산을 거쳐 오일 함량을 표기해야 겠지만, 집에서 만들 때는 이러한 머리 아픈 계산법은 일단 접어두자. 다만 오일의 양이 신경 쓰인다면 오일 7%를 넣고 싶을 경우 8%로 계산하는 것도 한 방법이다. 가장 간편한 방법은 소이 왁스 중량×오일의 퍼센트=오일의 양(ml)으로 계산한 뒤 나중에 오일을 조금 더 넣는 것이다.

　오일 1ml는 약 20방울이다. 계량스푼이 없다면 오일의 양(ml)에 20방울을 곱한 값을 넣어준다.

블렌드 오일
만드는 법

　　　　유칼립투스, 라벤더, 민트 오일을 3:2:1의 비율로 섞어 240g의 소이 왁스를 사용한 양초를 만든다고 가정해보자('틴케이스 아로마 양초' 만드는 법 참고, 80페이지). 오일의 비율은 자신의 취향에 맞게 조절해도 상관없다. 오일을 비율대로 섞어보고 향이 강했으면 하는 오일의 양을 좀 더 넣는다. 오일을 블렌드할 때는 먼저 작은 용기에 오일을 한 방울씩 떨어뜨려 향을 맡으며 섞어가면서 자신이 원하는 향을 만든다.

오일 계산법
전체적으로 들어가는 오일의 양은 240g×0.07(7%)=16.8ml이므로 비율대로 나눠 계산한다.
- 유칼립투스　16.8 ml×3/6=8.4ml
- 라벤더　　　16.8 ml×2/6=5.6ml
- 민트　　　　16.8 ml×1/6=2.8ml

──────────────────── TOTAL 16.8ml

　여러 종류의 오일을 섞어 만든 블렌드 오일은 미리 만들어 24~48시간 정도 실내에 두었다가 사용하는 것이 좋다. 서로 다른 오일이 잘 섞일 수 있도록 일종의 '숙성 시간'을 갖는 것이다. 오일을 담아 보관할 때는 스포이드가 달린 갈색 유리 공병을 이용하면 편리하다. 공병은 에센셜 오일 파는 곳에서 쉽게 구할 수 있다.

TIP
에센셜 오일을 첨가한 양초의 숙성기간 : 에센셜 오일을 넣은 양초는 제작 후 최소한 이틀, 최대 이주 후에 사용해야 한다. 에센셜 오일이 왁스에 잘 스며들도록 기다리는 것이다. 양초에 불을 붙였는데 향이 잘 나질 않다가 불을 끈 후에야 진하게 올라온다면 숙성이 제대로 되지 않은 것이다. 이럴 경우 컨테이너 양초의 입구를 막고 며칠 더 기다렸다가 사용해본다.

3:
양초를 만드는 데 필요한 기본 도구

양초를 만드는 데 필요한 도구는 여러 가지다. 하지만 대부분 집에 있는 물건으로 대신할 수 있는 것들이다. 꼭 양초 재료 가게에서 파는 도구들을 구입해서 사용해야 하는 것은 아니라는 말이다. 처음부터 모든 도구를 갖추는 것은 낭비다. 조금만 생각을 달리하면 대체할 수 있는 것들을 찾아낼 수 있다. 처음에는 대체 용품들을 찾아 양초를 만들어보고, 계속 만들고 싶은 생각이 들면 전문적인 도구를 하나씩 장만하는 것이 바람직하다.

갖춰두면 편리한 8가지 도구

핫플레이트

핫플레이트는 전기로 열을 내는 기구다. 다이얼로 열의 세기를 조절할 수 있고, 온도가 높지 않아 왁스를 녹이기에 적합하고 편리하다.

핫플레이트가 없다면 가스 불을 이용해도 된다. 정석대로라면 가스 불에 직접 왁스를 녹여서는 안 된다. 왁스를 가스 불에 직접 녹이면 왁스의 온도가 빠르게 올라가 불이 붙을 수 있기 때

문에 매우 위험하다. 그래서 가스 불을 이용할 경우 중탕으로 왁스를 녹여야 한다. 하지만 중탕을 하면 왁스 안으로 물이 들어가기도 하고 준비도 번거로우며, 물의 온도를 올리는 데 시간이 오래 걸려 귀찮은 게 사실이다.

 가스 불에 왁스를 직접 녹일 때는 절대로 그 자리를 떠선 안 된다. 또한 최대한 약한 불에서 자루 스테인리스 비커의 손잡이를 잡고 조심해서 녹인다. 그리고 언제라도 가스 불에서 내릴 준비가 되어 있어야 한다. 왁스에서 연기가 올라오거나 지나치게 빨리 녹는다 싶으면 가스 불에서 내려놓고 왁스를 저어서 녹인다. 가스 불을 직접 사용할 때는 핫플레이트를 이용할 때보다 몇 배 더 신경 써서 지켜봐야 한다.

자루 스테인리스 비커

자루 스테인리스 비커는 양초 재료를 파는 곳에서 구매할 수 있다. 생긴 모양은 냄비인데, 눈금이 표시되어 있어 비커라 부른다. 450ml, 650ml, 900ml, 1200ml, 1700ml 사이즈의 비커를 낱개 혹은 세트로 구매할 수 있는데, 다이소나 천원 숍에서 파는 얇고 싼 냄비를 사용해도 상관없다. 사용하지 않는 냄비를 깨끗

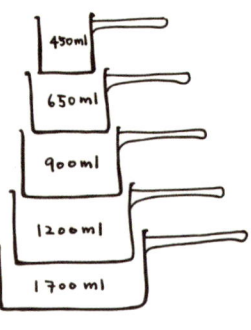

하게 소독해서 써도 된다. 다만 냄비가 뜨거워져도 맨손으로 잡을 수 있도록 손잡이가 긴 것이 좋다.

파이렉스 내열유리 계량컵

내열유리 계량컵은 유리가 두꺼워 열을 천천히 받는다. 또한 식는 데 시간이 오래 걸리기 때문에 왁스를 녹이는 용도로는 적합하지 않다. 왁스를 녹이는 초기에는 열을 천천히 받아 녹는 데까지 시간이 오래 걸리고, 일단 녹기 시작하면 온도를 조절해줘야 하는데 열기가 쉽게 빠지지 않기 때문이

다. 하지만 집에 파이렉스 계량컵 외엔 다른 도구가 없다면 비커 대용으로 사용해도 된다. 다만 가스 불에 직접 올려서는 안 되고 핫플레이트나 중탕용으로만 사용한다.

저울

디지털 저울이나 아날로그 저울 어느 것이든 상관없다. 다만 아날로그 저울은 1g 단위로 잴 수 있는 요리용 저울이 좋다. 하지만 양초를 계속 만들 생각이라면, 아날로그 저울보다는 디지털 저울이 여러모로 편리하므로 하나쯤

 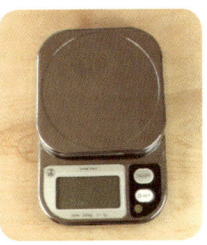

구비해두는 것이 좋다. 특히 디지털 저울은 영점을 맞추기가 매우 쉬워 일을 빠르게 진행할 수 있다. 저울이 없으면 작은 종이컵에 소이 왁스를 가득 담고 튀어나온 왁스가 없도록 평평하게 만든다. 이때 절대로 왁스를 꾹꾹 눌러 담지 않는다. 이렇게 담으면 대략 70~75g이 된다.

온도계

소이 왁스는 열에 민감하기 때문에 온도계를 사용하는 것이 좋다. 다만 뜨거운 왁스의 온도를 재는 데 사용하기 때문에 사진과 같이 철제로 된 온도계가 적합하다. 유리 온도계는 파손 위험이 있으므로 내열유리 온도계가 아닌 이상 사용하지 않는다. 녹인 왁스의 상태를 확인

하며 온도계 없이도 대강 온도를 맞출 수 있는 방법이 있지만, 양초를 적어도 두 번 이상 만들 계획이라면 구비하는 것이 좋다.

계량스푼

계량스푼은 에센셜 오일이나 프레그런스 오일 등 향료의 양을 잴 때 필요하다. 향료는 병 입구에 작은 구멍이 나 있어 한 방울씩 떨어뜨려 사용하는데, 보통 20방울 정도를 1ml로 계산한다. 하지만 보다 많은 양을 사용해야 할 경우 계산이 복잡해지므로 계량스푼을 이용하는 것이 좋다.

나무젓가락과 신문지

양초 만들기 작업에서 나무젓가락과 신문지는 꼭 갖추어야 할 필수 도구다. 신문지를 작업 공간에 서너 장 깔고 작업을 하면 성가신 왁스 부스러기를 쉽게 청소할 수 있고, 뜨겁게 달궈진 스테인리스 비커를 올려놓기에도 제격이다.

　나무젓가락은 심지를 고정하거나 왁스를 젓는 데 적합한 도구다. 양초에 불을 붙이는 가스 라이터가 없을 경우 나무젓가락에 불을 붙여 촛불을 켤 수도 있다.

4:
필라 양초를 위한
재료와 도구

여기서 소개하는 재료와 도구는 필라 양초를 만들기 위한 실리콘 몰드를 직접 뜰 때 필요한 것들이다. 시중에서 파는 몰드를 구입해서 사용할 경우에는 필요하지 않다. 나만의 독창적인 필라 양초를 만들고 싶다면 집에 있는 도구를 이용해 얼마든지 활용할 수 있으니 꼭 시도해보길 바란다.

기둥처럼 서 있는
필라 양초를 위한 재료

실리콘과 경화제

실리콘은 어디서나 경화제와 함께 판매한다. 경화제는 진한 벽돌색을 띠는 액체로 실리콘을 굳히는 약품이다. '신에츠 1402 실리콘'은 경화제를 섞으면 분홍색이 된다. 분홍색이 진할수록 딱딱하고 연할수록 부드러운 몰드가 만들어진다. 이렇게 색깔로 몰드의

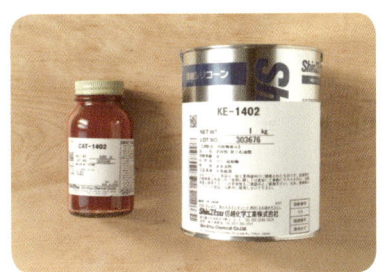

경도를 맞출 수 있기 때문에 초보자들이 다루기 가장 쉬운 실리콘이다.

유토와 스컬피

유토는 말 그대로 '기름 흙'이다. 수성인 지점토나 찰흙과 달리 유성이라 굳지 않는 특징이 있다. 사용하고 남은 것은 다시 뭉쳐서 밀폐해놓으면 계속 사용할 수 있다. 문구점에서 쉽게 구할 수 있

으며, 실리콘 몰드를 만들 때 오브제와 종이 틀을 고정하는 데 쓰거나 원본 오브제(원하는 양초의 모형)를 만들 때 사용한다.

스컬피는 원본 오브제를 만들 때 유토보다 훨씬 정교한 작업을 할 수 있는 재료다. 끈적거리지 않으면서도 서로 잘 달라붙어 섬세한 작업에 알맞다. 또한 찰흙처럼 물렁하지만 뜨거운 물(80~90℃)에 넣거나 오븐에 구우면 딱딱해지기 때문에 굳은 후에도 그 위에 스컬피를 덧붙여 추가 작업을 할 수 있다. 스컬피는 유토보다 가격이 비싸고, 대형 화방이나 모형 재료를 파는 곳에서 구할 수 있다.

이형제

왁스가 실리콘 몰드에서 잘 떨어지지 않는다면 이형제를 구매해서 사용해도 된다. 이형제는 몰드와 왁스가 잘 떨어지게 하는 스프레이로, 왁스를 붓기 전에 몰드에 살짝 뿌려준다. 양초 재료 가게에서 살 수 있지만 반드시 필요한 재료는 아니다.

필라 양초를 만드는 데 필요한 도구

두꺼운 종이

실리콘 몰드를 만들 때 오브제를 바닥에 고정시키고 그 주위로 벽을 둘러 실리콘을 붓는다. 이때 두꺼운 종이는 오브제 바닥과 주변의 벽에 사용하며, 지지대 역할을 한다. 코팅된 잡지 표지, 박스 골판지, 스케치북 앞표지처럼 두꺼운 종이면 모두 사용할 수 있다.

테이프

일반 박스 테이프도 상관없지만 두꺼운 청 테이프가 좀 더 좋다. 얇은 박스 테이프와 달리 종이에 두께를 주면서 더 튼튼하게 붙일 수 있기 때문이다.

조각칼 및 기타

실리콘 몰드를 뜰 원본 오브제를 만들 때, 스컬피 혹은 유토를 다듬거나 완성된 필라 양초를 다듬을 때 필요한 도구들이다.

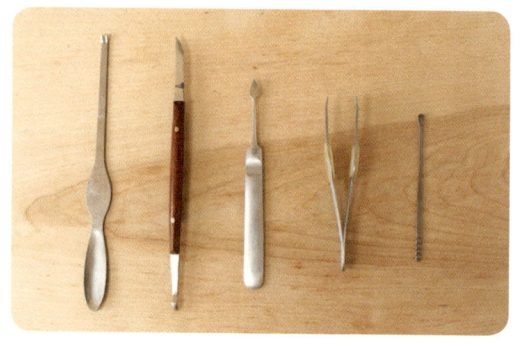

　원본 오브제를 다듬을 때 스패출러나 헤라를 사용하지 않아도 된다. 귀이개든 네일 파일이든 유토나 스컬피를 다듬을 때 편리한 것을 골라 사용하면 된다. 족집게는 왁스에 묻은 이물질이나 먼지를 떼낼 때 유용하다.

일회용 비닐 장갑

실리콘은 피부에 묻으면 깨끗이 닦아내기 힘들고 피부에도 좋지 않으므로 장갑을 꼭 준비해야 한다. 가장 좋은 것은 라텍스 장갑이지만 일회용으로 쓰기에는 가격이 비싸고 구하기도 힘들기 때문에 일회용 비닐 장갑으로 대신할 수 있다. 손바닥 부분이 빨갛게 코팅된 목장갑도 좋지만 뻣뻣하고 두꺼워 섬세한 작업을 하는 데는 어려움이 있다.

그릇

실리콘과 경화제를 섞을 때 필요하다. 어떤 그릇이든 상관없으므로 쓸모를 다한 것을 사용한다.

실리콘 주걱

실리콘 주걱은 머리가 너무 크지 않은 것이 좋다. 머리가 작은 주걱은 방산시장에서 쉽게 구할 수 있다. 마스크 팩을 섞는 주걱을 사용해도 괜찮다. 실리콘을 젓기 위한 용도이므로 나무젓가락도 상관없지만 실리콘이 뻑뻑하므로 어느 정도 넓고 튼튼한 막대기를 사용하는 게 좋다.

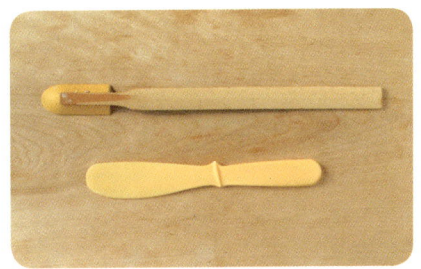

신문지

실리콘을 섞다 보면 주변이 지저분해지기 일쑤다. 이때 신문지를 작업대에 깔고 실리콘 몰드를 만들면 뒤처리를 깔끔하게 할 수 있다. 신문지는 정말 쓸모가 많다.

5: 양초 재료와 컨테이너 쇼핑하기

양초를 만드는 즐거움은 나만의 양초를 구상하고 이에 어울리는 재료를 쇼핑하는 일도 포함한다. 하나하나 내 손으로 선택한 재료를 직접 고른 컨테이너에 담아 양초를 만들다 보면, 어느새 새로 만들 양초 생각에 빠져 있는 자신을 발견할 수도 있다. 양초 재료와 컨테이너는 크게 온라인과 오프라인 매장에서 구매할 수 있으며, 매장별로 특징이 있으니 상황에 맞게 선택하면 된다.

온오프라인을 통한 양초 재료 쇼핑

모든 것이 있는 방산종합시장

지하철 1호선 종로5가역 7번 출구에서 청계천 방향으로 직진하면 맞은편으로 방산종합시장 입구가 보인다. 입구로 들어가 직진하면 왼편에는 베이킹 도구를 판매하는 곳이 있고, 오른편에는 커다란 회색 건물이 자리하고 있다. 이곳이 바로 방산종합시장 건물이다. 이 건물의 7번 입구로 들어가면 양초와 관련된 거의 모든 재료를 구할 수 있다. 이곳에서는 온라인보다 조금 더

싼 가격에 물건을 구입할 수 있다. 에센셜 오일이나 실리콘, 포장용품 등은 방산종합시장 곳곳에서 찾을 수 있다.

'젤캔들샵'은 양초 재료의 가짓수가 많고 각종 몰드와 다양한 프레그런스 오일을 판매해서 쇼핑하기 편한 곳으로 직원들이 매우 친절하다. '캔들트리'는 방산종합시장 입구에 자리해 찾기 쉽고 다양한 컨테이너와 에센셜 오일을 구비하고 있으며, 늘 사람으로 북적대는 곳이다.

'한일유지'는 에센셜 오일로 유명한 곳이다. 에센셜 오일을 대량으로 구매할 경우 다른 상점보다 조금 저렴하게 구입할 수 있다. 다만 소량을 구매할 경우에는 다른 상점과 가격이 비슷하므로 방산종합시장 상가 안에 있는 '캔들트리'나 '허브라파' 등을 이용하면 편리하다.

방산종합시장의 박스 가게에서는 대개 최소 20~25개 단위로 박스를 판매하며, 낱개로는 잘 판매하지 않는다.

'한일유지' 건너편 좁은 골목 안에도 베이킹 도구를 판매하는 가게가 많다. 양초 만들기에 활용할 다양한 푸딩 틀과 쿠키 커터, 초콜릿 몰드를 구매할 수 있다.

'청명-청솔'은 포장 및 일회용 용기로 유명한 곳이다. 2층에서는 각종 비닐과 포장 박스, 3층에서는 테이크아웃 용기를 판매한다. 포장하려는 물건을 가져가 크기가 맞는지 넣어보거나 비교해보면 알맞은 포장 용기를 살 수 있다.

실리콘의 경우 방산종합시장이 온라인이나 대형 화방보다 몇천 원 더 저렴하다. 대표적인 대형 화방인 홍대 입구의 호미화방에서도 유토, 스컬피 등 실리콘 몰드를 뜨고 직접 오브제를 만드는 데 필요한 재료들을 구할 수 있다.

편리한 인터넷 쇼핑

방산종합시장에 가면 쇼핑하는 재미가 있다. 눈으로 직접 물건을 보고 비교하면서 구입할 수 있다는 것도 장점이다. 하지만 찾아가는 데 시간이 많이 걸리고 쇼핑한 물건을 들고 돌아다녀야 하는 번거로움을 감수해야 한다. 그러나 걱정하지 마시라. 우리에겐 인터넷 쇼핑몰이 있다. 양초 재료를 판매하는 사이트로는 젤캔들샵(www.gelcandleshop.co.kr)과 캔들웍스(www.

candleworks.co.kr)를 추천한다. 젤캔들샵은 방산종합시장에 있는 오프라인 매장과 동일한 곳으로 몰드의 종류와 양초 재료가 다양하며 배송이 정확하고 빠르다. 캔들웍스는 양초 관련 커뮤니티가 활성화되어 정보를 얻기 좋고, 카테고리를 깔끔하게 분류해놓아 초보자가 양초 관련 제품을 구매하기가 쉽다. 실리콘이나 스컬피, 유토 등 기타 재료의 구매처로는 아가미모델링(www.agamimodeling.co.kr)을 추천한다. 입체 오브제를 만드는 데 필요한 재료를 판매한다.

각종 컨테이너를 구할 수 있는 온오프라인 매장

남대문시장

남대문시장은 멋진 컨테이너 양초를 만들 수 있는 다양한 용기가 모여 있는 그릇 나라다. 특히 대규모 그릇 상가인 '대도종합상가'가 있는데, 주황색 건물이라 눈에 잘 띄어 찾기 쉽다. 지하 1층에는 수입 식품 및 그릇 판매처 몇 곳이 있고, 1층에는 생활 잡화, 2층에는 공예품 및 완구 잡화, 3층에는 그릇을 파는 상가가 형성되어 있다. 이곳 3층에 가면 없는 게 없다고 할 만큼 다양한 유리컵과 그릇을 파는 가게들이 모여 있다. 가게마다 유리컵의 종류가 약간씩 다르므로 천천히 구경하면서 마음에 드는 용기를 고르는 것이 좋다. 컵은 대부분 6~12개가 세트이며, 가격은 개당 1500~5000원 사이다. 이곳은 유리컵이 많고 길이 좁아 자칫 파손의 위험이 있으므로 커다란 가방은 들고 가지 않는 것이 좋으며, 매력적인 그릇들이 넘쳐나므로 현금을 넉넉히 준비해갈 필요가 있다.

인터넷 그릇 쇼핑

기본적인 형태의 컨테이너는 양초 재료를 파는 사이트에서 쉽게 구매할 수 있다. 포털 사이트에서 '유리컵'이라고 검색만 해도 다양한 모양의 컨테이너를 찾을 수 있다. 하지만 국내에서는

소이캔들 만들기 ·

찾기 힘든 독특한 컨테이너를 원한다면 해외 사이트를 이용해보자. 이베이(www.ebay.com)나 아마존(www.amazon.com)과 같은 해외 온라인쇼핑 사이트에서 'glass jar', 'vintage glass jar', 'retro glasses'와 같은 키워드로 검색하면 매력적인 컨테이너를 찾을 수 있다.

PART 02

양초
만들기 전에
꼭 알아야 하는
3가지

1 :
소이 왁스 녹이기

　　　　처음 양초 만들기에 도전하는 사람이라면 양초를 만드는 과정이 다소 지루할 수 있다. 왁스를 녹이고 식히면서 작업하는 데 적정 온도가 되길 기다려야 하고, 왁스가 녹았다가 단단히 굳어 양초로 탄생하기까지의 시간을 인내해야 하기 때문이다. 그러나 이 '기다림의 시간'이 지루하다고 다른 일을 해선 안 된다. 자칫 왁스를 태우거나 작업을 시작하기도 전에 왁스가 그대로 굳어버리는 난감한 상황에 직면하게 된다. 타이머를 맞춰놓고 작업하는 것이 실수를 줄일 수 있는 한 가지 방법이긴 하지만, 양초 하나가 태어나기까지의 시간을 천천히 즐기는 것이야말로 양초를 만드는 큰 매력이라 할 수 있다. 양초는 기다림의 선물이다.

　그럼 양초를 본격적으로 만들기 전에 컨테이너 양초 만들기의 준비 단계라고 할 수 있는 아주 기본적인 세 가지를 먼저 익히고 넘어가자. '소이 왁스 녹이기'와 '나무 심지 재단 & 고정하기', '소이 왁스로 면 심지 코팅하기'가 그것이다.

　소이 왁스는 하얗고 질감이 무른 가루, 즉 플레이크(Flake) 형태다. 컨테이너용 소이 왁스는 손의 온기로도 녹일 수 있을 만큼 녹는점이 낮고 무르며, 가열하면 녹으면서 황금빛 액체로 변한다. 소이 왁스는 천연 재료인 콩기름으로 만들어 온도에 민감하기 때문에 어느 온도까지 올려서 녹이고, 어느 온도에서 컨테이너에 붓느냐에 따라 발향의 정도, 표면의 상태, 유리 밀착력이 결정된다.

　유리 밀착력이란 왁스가 유리에 밀착되는 정도를 의미한다. 왁스가 유리에서 떨어져 얼룩덜

룩해 보이는 것을 웻 스폿(Wet Spot)이라고 하는데, 보기에는 좋지 않지만 발향이나 기타 양초의 기능과는 전혀 상관없다. 또한 실내 온도에 따라, 혹은 양초 연소 후 웻 스폿이 사라지거나 새로 생기기도 한다.

양초 만들기의 기본, 소이 왁스 녹이기

소이 왁스를 녹일 때 핫플레이트의 온도 다이얼을 중간 불인 3단계 이상 올리지 않아야 한다. 왁스가 천천히 녹는다고 핫플레이트의 온도를 다이얼 끝까지 올려서는 안 된다. 소이 왁스는 녹는점이 낮아 핫플레이트의 온도를 끝까지 올리면 지나치게 뜨거워져 금세 탈 수 있다. 왁스에서 연기가 날 정도로 뜨겁게 녹이면 왁스가 굳었을 때 본래의 깨끗한 하얀색에서 보기 싫은 누런색으로 변한다. 따라서 왁스를 핫플레이트에 올려놓았을 때는 다 녹을 때까지 옆에서 계속 지켜보아야 한다. 왁스가 2/3 정도 녹으면 핫플레이트의 불을 끄고 온도계를 넣어 온도를 확인한다. 이때 컨테이너용 소이 왁스 온도는 약 60~70℃가 넘지 않도록 주의한다.

1 저울에 소이 왁스를 녹일 스테인리스 비커를 올려놓고 영점을 맞춘다.

2 소이 왁스의 양을 잰다. 컨테이너에 따라 다르지만 일반적인 유리컵 양초 한 개 만들 분량으로 200g을 담았다.

3 스테인리스 비커를 핫플레이트에 올려놓고 눈금을 2~3으로 맞춘다.(핫플레이트마다 온도 다이얼의 차이가 있으니, 약한 불~중간 불 정도로 설정한다.)

4 나무젓가락으로 천천히 저어가며 왁스를 녹인다.

5 왁스가 2/3 정도 녹으면 온도계를 넣고 핫플레이트의 불을 끈다. 핫플레이트에 남은 열기로 나머지 왁스를 충분히 녹일 수 있을 뿐만 아니라 온도가 지나치게 올라가는 것을 막기 위해서다. 불을 끈 상태에서 왁스를 천천히 저으면서 덩어리를 잘게 부숴 왁스를 녹인다. 이때 온도계를 자주 확인해 왁스의 온도가 60~70℃를 넘지 않게 한다.

소이캔들 만들기 •

6 왁스가 거의 다 녹으면 더 식히거나 덥혀 온도를 맞춘다. 왁스의 온도는 프레그런스 오일을 넣을 경우 60~65℃, 에센셜 오일일 경우 50~55℃가 적당하다.

TIP

온도계가 없을 경우 : 왁스를 담은 비커를 핫플레이트에 올리고 온도 다이얼을 2로 맞춘다. 이때 녹는 시간이 오래 걸린다고 온도 다이얼을 높여서는 절대 안 된다. 온도계가 없으므로 낮은 온도에서 안전하게 천천히 녹이는 것이 좋다. 왁스가 2/3 정도 녹으면 핫플레이트의 불을 끄고 왁스를 저으며 남아 있는 덩어리를 잘게 부수고, 왁스가 완전히 녹으면 핫플레이트에서 내려놓는다.

왁스가 투명한 황금색이고 나무젓가락으로 저었을 때 물처럼 저항이 부드러우면 60℃가 넘은 것이다. 왁스를 젓가락으로 계속 저으면서 식히다 보면 왁스의 저항이 조금 더 세지고 투명도가 살짝 떨어져 보이는 순간이 온다. 이는 왁스가 굳기 바로 전이라 끈적끈적해지는 것으로 온도가 50℃ 정도라는 뜻이다. 하지만 왁스가 투명하지 않고 탁해지기 시작하면 온도가 너무 낮은 것이다. 왁스의 온도가 지나치게 낮은 상태에서 향료를 넣으면 왁스에 향료가 골고루 배어들지 않아 발향이 좋지 않고, 하얀 버짐이 핀 것 같은 프로스팅 현상이 나타날 수 있으며, 향료와 왁스가 분리되어 반은 굳고 반은 굳지 않는 상태가 될 수도 있다. 한 번 만들고 말 것이라면 이러한 방법을 써도 괜찮지만, 좋은 품질의 양초를 만들려면 온도계는 필수다.

2:
나무 심지
재단&고정하기

양초든 음식이든 무언가를 만드는 과정은 비슷하다. 필요한 재료를 미리 손질해 놓고 시작하면 일이 수월해 시간을 단축할 수 있다. 왁스를 녹이기 전에 심지를 미리 재단해서 탭을 끼워두면 일이 빠르게 진행된다. 면 심지의 경우 가위로 쉽게 잘리기 때문에 양초를 완성하면 컨테이너 높이에 맞춰 자르면 된다. 그러나 나무 심지는 딱딱해서 가위로 똑바로 자르기가 어렵고, 양초를 완성한 뒤 자르려다 보면 예쁜 양초의 표면을 망가뜨릴 수 있기 때문에 미리 컨테이너의 높이에 맞춰 잘라놓고 시작하는 것이 좋다.

나무 심지 탭에 끼우고 재단하기

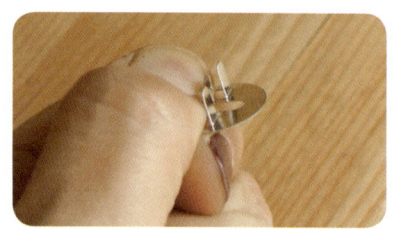

1 나무 심지용 탭을 준비한다.(사진에선 원형 탭을 사용했지만 사각 클립형 탭을 이용해도 좋다.) 받침대에 세워져 있는 세 개의 지지대 중 한 개를 중심 쪽으로 살짝 꺾는다.

2 나무 심지를 탭에 끼운다.

3 심지 탭에 꽂은 나무 심지를 컨테이너에 넣고 사진처럼 컨테이너 높이에 맞춰 가위를 바싹 댄다. 그 후 컨테이너 높이보다 살짝 낮게 자른다. 완성된 양초를 포장할 경우 나무 심지가 튀어나와 있으면 포장지에 나무 심지의 기름이 흡수되어 지저분해지기 때문이다. 컨테이너 양초에 왁스를 부을 때 나무 심지가 양초 표면에서 3~5mm 정도 남게 붓는다.

TIP
심지가 비뚤게 잘렸을 때는 바르게 다듬는다. 이때 한 번에 힘을 주고 자르면 나무 심지가 부서지거나 갈라질 수 있으므로 자를 대고 칼로 살살 여러 번 그어 끝을 잘라낸다. 다듬는 것이 귀찮다면 비뚤게 잘린 쪽을 탭에 꽂고 반듯한 쪽이 위로 오게 하면 된다. 컨테이너가 윗부분은 넓고 아래로 갈수록 좁아지는 형태라면, 급격하게 좁아지는 포인트의 높이를 재서 심지도 컨테이너와 비슷한 형태로 재단할 수 있다. 재단하지 않고 기성품을 그대로 사용해도 상관없다.

나무 심지 컨테이너에 고정하기

스티커로 붙이기
시중에서 판매하는 탭 고정 스티커를 붙인다. 이는 가장 간편하고 널리 사용되는 방법인데, 중

소이캔들 만들기 •

심을 한 번에 맞춰야 한다는 단점이 있다.

소이 왁스로 고정하기

모두 천연 재료를 사용했는데 접착제를 첨가하려면 찝찝한 마음이 든다. 노파심이겠지만, 양초의 불꽃이 바닥으로 향할수록 접착제에서 나쁜 물질이 나올 것만 같다.(실제로 입증된 바는 없으며, 원래 유리 컨테이너 양초는 바닥에 1~2mm의 왁스가 남았을 때 버리는 것이 좋다. 유리가 깨질 수 있기 때문이다.) 이럴 때는 접착제 대신 소이 왁스를 이용해 고정한다. 방법은 두 가지다.

첫째, 녹인 왁스를 컨테이너에 2~3mm 정도 부은 후 왁스가 불투명하게 변하기 시작하면 심지를 꽂아 왁스를 굳힌다. 이러면 미리 심지의 자리를 정할 수 있고, 심지를 고정해놨기 때문에 왁스를 심지 높이에 맞춰서 부으면 된다. 그러나 이 방법은 여름에는 괜찮지만 실내 온도가 낮은

가을, 겨울에는 좋지 않다. 미리 부은 왁스와 용기가 지나치게 차가워져 나중에 붓는 왁스 사이에 경계가 생기기 때문이다.

둘째, 에센셜 오일을 섞은 왁스를 컨테이너에 심지 높이의 3~5mm 아래까지 부은 후 왁스가 불투명해지기 시작할 때, 즉 조금씩 굳기 시작할 때 심지를 꽂는다.

이렇게 하면 따로 왁스를 녹여 미리 부어놓을 필요가 없어 첫 번째 방법보다 간편하고, 왁스가 굳기 전까지 심지의 위치를 이리저리 움직여 중앙으로 맞출 수 있다는 장점이 있다. 하지만 어느 정도를 부어야 할지 정확히 알고 높이를 일정하게 맞춰 부어야 한다는 것이 의외로 성가시다. 또 하나의 단점은 왁스가 적당히 굳기를 기다리며 다른 일을 하다 자칫 심지를 꽂아야 한다는 것을 잊을 수 있다는 사실이다. 말 그대로 심지 없는 양초가 탄생하는 것이다. 이런 경우

심지를 고정할 자리를 파서 심지를 꽂고 파낸 왁스를 다시 녹여 채우는, 매우 성가시고 지저분한 과정을 거쳐야 한다. 이런 일이 일어나지 않게 할 자신이 있다면 가장 좋은 방법이다.

다만 두 방법 모두 왁스가 심지를 고정하는 역할을 하기 때문에 양초를 거의 다 태워 남은 왁스의 양이 적을 때는 곤란할 수 있다. 컨테이너 안의 왁스 양이 적으면 불을 켰을 때 왁스가 모두 녹은 상태가 되어 심지가 불안정하게 뜬다. 심지가 컨테이너 안에서 둥둥 떠다니지는 않지만, 왁스가 모두 녹은 컨테이너를 움직이면 심지도 움직일 수 있다. 그러나 양초를 옮기지 않고 그냥 한자리에 두면 심지가 계속 그 자리에서 타 내려가므로 치명적인 단점은 아니다.

컨테이너 중심에 심지 세우기

컨테이너의 중심에 딱 맞춰서 심지를 세우는 일은 생각보다 어렵다. 감에 의지해야 하기 때문이다. 여러 번 하다 보면 어느 정도 요령이 생기지만 처음에는 그냥 눈으로 짐작할 수밖에 없다.

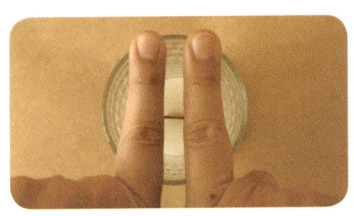

1 왁스가 완전히 굳지 않고 끈적끈적해서 심지를 이리저리 옮길 수 있을 때, 사진과 같이 손가락으로 중심을 맞춘다. 손가락을 올려놓고 양옆과 위아래의 남은 공간이 똑같은지 확인한다.

2 나무 심지나 자처럼 반듯하고 얇은 물건을 사진과 같이 놓고 위아래, 양옆의 공간이 똑같은지 확인한다.

3: 소이 왁스로 면 심지 코팅하기

양초에서 흔히 볼 수 있는 면 심지는 필요에 따라 길이를 조절하기가 쉽다는 장점이 있다. 시중에서 파는 기성품보다 더 긴 심지가 필요한 경우 심지를 원하는 길이로 재단한 다음 코팅해서 사용하면 된다. 직접 코팅한 면 심지는 미리 코팅해서 나온 기성품보다 조금 울퉁불퉁하고 깔끔하지 않다는 단점이 있지만, 양초의 기능에는 전혀 영향을 끼치지 않는다.

원하는 길이로 잘라 코팅하는 면 심지

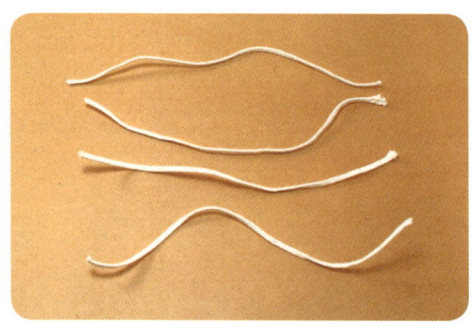

1 심지를 필요한 길이보다 5cm 정도 길게 자른다. 심지를 나무젓가락이나 심지 탭에 끼워 고정해야 하기 때문에 길게 자르는 것이 좋다. 면 심지는 가위로 쉽게 잘리므로 양초를 완성한 뒤 길이를 정리한다.

2. 필라 양초라면 필라용 왁스, 컨테이너 양초라면 컨테이너용 왁스 적당량을 스테인리스 비커에 담아 녹인다. 왁스가 다 녹으면 비커를 핫플레이트에서 내려놓고 재단한 면 심지를 넣는다.

3. 약 5초 후에 왁스에 담갔던 심지를 뺀다. 너무 오래 담가놓으면 심지에 왁스가 많이 달라붙어 표면이 울퉁불퉁해진다.

4. 젓가락으로 면 심지를 한 가닥씩 건져 신문지나 유산지 위에 올려놓고 굳힌다.

· PART 02 양초 만들기 전에 꼭 알아야 하는 3가지

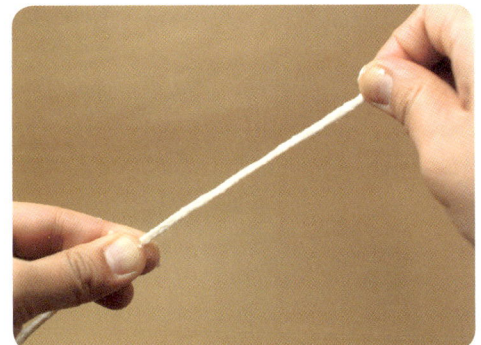

5 구불구불한 심지는 손으로 훑으면서 잡아당기면 반듯해진다.

담는 곳에 따라
분위기가 달라지는
컨테이너 양초

Chapter 1
기본적인
컨테이너
양초

Intro
컨테이너 양초를 만들기 전에 준비할 것들

컨테이너 양초는 양초 만들기의 기본이라 할 수 있을 만큼 형태를 만들기가 쉬운 양초다. 컨테이너 양초는 왁스를 담는 용기의 형태에 따라 다채로운 개성을 지닌 양초로 탄생하기 때문에 보다 쉽게 다양한 종류의 양초를 만들 수 있다는 장점이 있다. 컨테이너 양초는 컨테이너용 소이 왁스로 만든다. 이 책에서는 에코소야 제품을 사용했지만 컨테이너에 부을 때의 온도가 50~55℃로 비슷한 네이처 왁스를 사용해도 상관없다. 다만 골든 왁스를 사용할 경우에는 컨테이너에 부을 때의 권장 온도인 75~80℃를 맞춰 사용해야 한다.

컨테이너 양초를 만드는 기본 순서는 다음과 같다. 이 순서를 지키면 작업이 매끄럽게 진행된다.

1— 심지 재단 및 심지 탭에 끼우기
2— 왁스 녹이기
3— 녹인 왁스에 염료 넣고 섞기
4— 향료 넣고 섞기
5— 컨테이너에 왁스 붓기
6— 심지 세우기

작업 전 준비
양초 만들기 작업을 시작할 때 가장 먼저 할 일은 작업 공간에 신문지 서너 장을 펼쳐놓는 일이다. 신문지를 깔고 작업을 하면 왁스 부스러기를 한 번에 정리할 수 있고, 왁스가 공간 곳곳에

튀는 것을 막을 수 있다. 또한 신문지 한 장을 여러 번 접어서 두껍게 만들어 스테인리스 비커 받침을 준비한다. 신문지 대신 두꺼운 종이 박스를 사용해도 좋다.

Make01
간단하게 만드는
면 심지 티라이트 양초

티라이트 양초(Tea Light Candle)라는 이름은 찻주전자를 따뜻하게 데우는 용도로 사용한 데서 유래했다고 전해진다. 티라이트 컨테이너는 크기가 작기 때문에 여러 가지 에센셜 오일 및 프레그런스 오일 테스트용으로 조금씩 만들어보기에 좋은 용기다. 컨테이너가 저렴한 편이라 이것저것 시도해봐도 가격 부담이 없으며, 양초를 만들다 보면 왁스가 조금씩 남는 경우가 많은데 자투리 왁스와 재단하고 남은 짧은 심지 처리에도 제격이다. 왁스의 양이 100g이 넘는 양초는 왁스를 부은 후 최소한 하루가 지나야 굳고 적어도 이틀이 지난 후 사용할 수 있다. 그러나 티라이트는 왁스의 양이 적어 빨리 굳기 때문에 만든 지 하루가 지나면 사용해도 된다.

향이 없는 양초는 식사할 때 켜면 좋다. 아로마 향이 강하게 들어간 양초는 음식을 먹는 데 방해가 되기 때문에 식사용 양초로는 적합하지 않다. 그럼 가장 기본적인 양초인 만큼 만들기가 쉽고 간단하지만 다양한 용도로 활용할 수 있는, 향이 없는 면 심지 소이 왁스 티라이트 양초를 만들어보도록 하자.

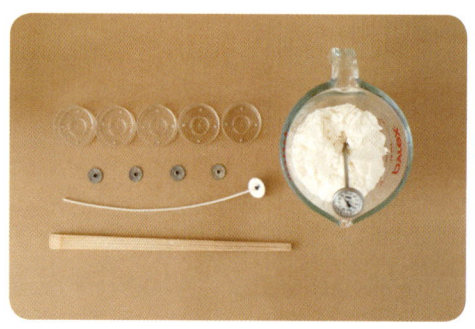

재료 :: 티라이트 컨테이너 5개, 소이 왁스 15g×5=75g(에코소야 CB Advance 혹은 네이처 왁스), 16번 내추럴 왁스용 면 심지 1개, 면 심지 탭 5개

도구 :: 온도계, 나무젓가락 1쌍, 자루 스테인리스 비커 1개, 핫플레이트, 신문지 5~6장, 가위, 펜치(혹은 니퍼)

How to

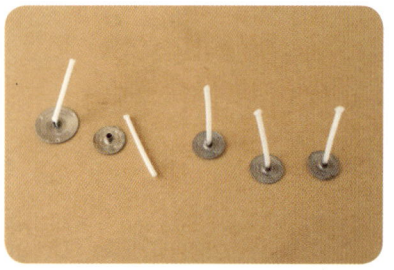

1 코팅된 내추럴 왁스용 면 심지를 티라이트 컨테이너 높이보다 1~2cm 정도 여유 있게 잘라 심지 탭에 꽂는다.

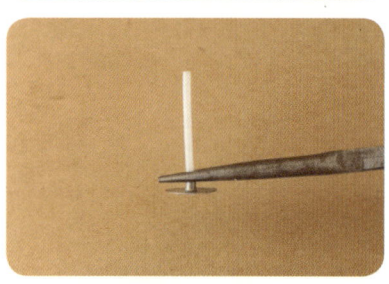

2 심지 탭의 윗부분을 펜치로 가볍게 누르며 심지가 빠지지 않게 고정한다. 너무 아랫부분을 누르면 심지 탭의 바닥 부분이 함께 찌그러진다.

3 분량의 왁스를 스테인리스 비커에 담아 나무젓가락으로 살살 저어 녹인다.

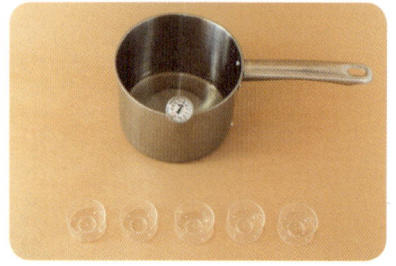

4 왁스가 다 녹으면 온도를 약 50℃로 맞춘 후 티라이트 용기에 붓는다.

• PART 03 담는 곳에 따라 분위기가 달라지는 컨테이너 양초

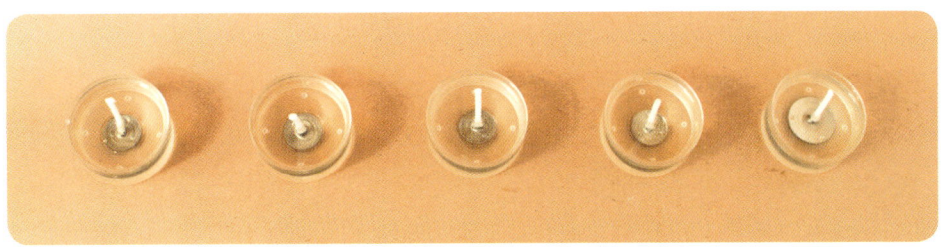

5 티라이트는 컨테이너 크기가 매우 작기 때문에 왁스를 미리 부어 심지를 고정시키거나 왁스가 살짝 굳을 때까지 기다릴 필요 없이 바로 심지를 꽂는다. 왁스의 열기가 식고 양초 속이 완전히 굳을 때까지 3~4시간 정도 기다린다.

6 양초가 완전히 굳은 후 심지를 0.5cm 정도 남기고 자르면 완성이다.

TIP
티라이트 면 심지 선택법 : 티라이트용으로 길이를 짧게 재단해서 판매하는 면 심지는 대개 파라핀으로 코팅한 것이다. 따라서 소이 왁스를 사용할 때는 내추럴 왁스용으로 코팅한 긴 심지와 심지 탭을 구입해서 심지를 재단한 다음 탭에 끼워 사용하길 권한다.
티라이트에 적합한 컨테이너 : 이 책에서 사용한 티라이트 컨테이너는 PC, 즉 폴리카보네이트(Polycarbonate)라는 플라스틱으로 만든 것이다. 200℃의 고온까지 견디는 특수 플라스틱이라 양초용 컨테이너로 사용할 수 있다. 일반 플라스틱 용기는 80℃면 녹기 때문에 절대 양초 컨테이너로 사용해서는 안 된다. 플라스틱 제품이 아닌 양철로 된 은색 티라이트 컨테이너도 있다.

Make 02
푸딩 틀로 만드는
나무 심지 아로마 양초

시중에서 파는 티라이트는 대부분 원형 플라스틱 용기에 담겨 있어 단조롭다. 티라이트처럼 작은 초가 필요한데 용기가 마음에 들지 않는다면 색다른 용기들을 사용해본다. 베이킹 도구에 푸딩이나 미니 머핀을 구울 수 있는 작은 스테인리스 용기들이 있는데, 대략 50~80g 정도로 적은 양의 왁스가 들어가면서 모양도 예쁘다. 이러한 용기들은 베이킹 도구를 파는 곳 어디서나 쉽게 구할 수 있으며, 양초를 다 태운 후 설탕이나 소스 용기로 활용할 수도 있다.

푸딩 틀은 크기가 작아 재단하고 남은 자투리 나무 심지를 재활용하기에도 좋다. 나무 심지를 크기별로 모아두었다가 귀여운 푸딩 틀이나 베이킹 용기로 만드는 양초의 심지로 재활용하자. 여기서는 푸딩 틀과 미니 머핀 틀을 컨테이너 삼아 나무 심지와 에센셜 오일을 이용해 아로마 양초를 만들어보도록 한다.

재료 :: 푸딩&미니 머핀 틀 3개, 소이 왁스 70g×3=210g(에코소야 CB Advance 혹은 네이처 왁스), 나무 심지 M 3개, 나무 심지 탭 3개, 민트 에센셜 오일(다른 오일로 대체 가능) 210g×0.07(7%)=14.7ml

도구 :: 계량스푼 1세트, 나무젓가락 1쌍, 자루 스테인리 비커 1개, 핫플레이트, 온도계, 신문지 5~6장

How to

1 나무 심지를 푸딩 틀의 높이에 맞게 재단해서 심지 탭에 끼워둔다.

2 분량의 왁스를 스테인리스 비커에 담아 녹인다.

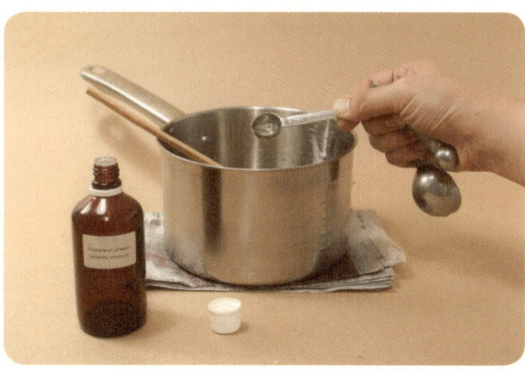

3 왁스의 온도가 52~55℃ 정도 되면 에센셜 오일을 넣고 왁스의 온도가 50~52℃로 떨어질 때까지 오일과 왁스가 잘 섞이도록 계속 젓는다.

• PART 03 담는 곳에 따라 분위기가 달라지는 컨테이너 양초

4 푸딩 틀에 50~52℃의 왁스를 부은 뒤 심지를 세운다. 왁스가 굳기 전에 만지면 표면에 균열이 생겨 못난 양초가 되므로 푸딩 틀을 절대 움직이지 않는다. 열기가 식어 단단하게 굳을 때까지 하루 정도 기다린다.

Make 03
아웃도어용 틴케이스 아로마 양초

알루미늄 캔으로 된 틴케이스 양초(Tin Case Candle)는 캠핑과 같은 야외 활동 시 분위기를 살리며 피우기에 제격이다. 크기가 적당히 작고 가벼우며 뚜껑까지 있어 들고 다니기도 편하다. 이 용기에는 약 80~90g의 소이 왁스가 들어가며, 푸딩 틀과 마찬가지로 높이가 낮아 자투리 나무 심지를 처리하기에도 좋다.

뚜껑이 있는 용기에 사용할 심지를 재단할 때는 심지를 탭에 끼워 용기에 세운 후 뚜껑을 닫아봐야 한다. 뚜껑을 닫고 흔들었을 때 용기 안에서 심지가 움직여야 양초를 만들어 뚜껑을 꽉 닫아도 심지가 눌리지 않아 양초 표면이 망가지지 않는다. 야외 활동 시 사용할 양초가 필요하다면 벌레를 쫓는 기능이 있는 아로마 양초를 만들자. 벌레가 싫어하는 향은 유칼립투스, 라벤더, 제라늄, 레몬그라스, 시트로넬라 향 등이다. 이들은 전반적으로 달콤하기보다는 싸하거나 레몬 향이 나는 것이 공통점이다. 여기서는 유칼립투스와 라벤더, 민트 에센셜 오일을 섞어 아웃도어용 벌레 퇴치 양초를 만들어본다.

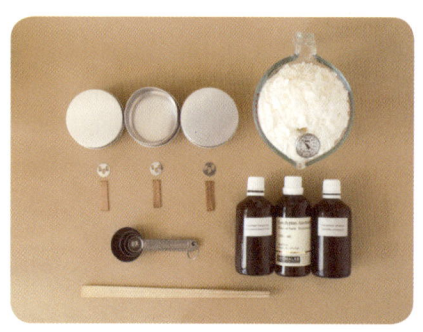

재료 :: 틴케이스 3개, 소이 왁스 80g×3=240g(에코소야 CB Advance 혹은 네이처 왁스), 나무 심지 3개, 나무 심지 탭 3개, 에센셜 오일 블렌드 240g×0.07(7%)=16.8ml(유칼립투스 : 라벤더 : 민트 = 3:2:1 비율) ★블렌드 오일 만드는 법 참고(31페이지)

도구 :: 계량스푼 1세트, 나무젓가락 1쌍, 자루 스테인리스 비커 1개, 온도계, 핫플레이트, 신문지 5~6장

How to

1. 나무 심지를 틴케이스 높이에 맞게 재단해서 심지 탭에 끼워놓는다. 탭을 끼운 나무 심지를 틴케이스에 넣고 뚜껑을 닫아 심지가 너무 높지 않은지 확인한다.

2. 분량의 왁스를 스테인리스 비커에 담아 녹인다.

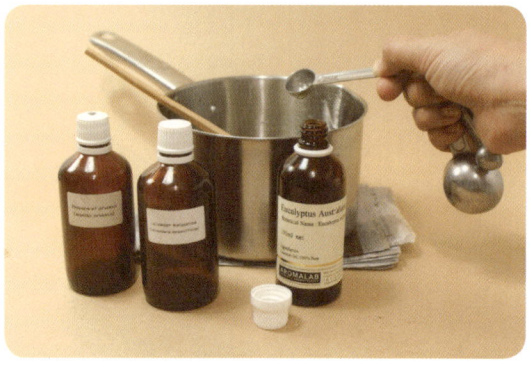

3. 왁스의 온도가 52~55℃ 정도 되면 블렌드한 오일을 넣고 왁스와 오일이 잘 섞이도록 젓가락으로 계속 젓는다.

• PART 03 담는 곳에 따라 분위기가 달라지는 컨테이너 양초

4 왁스의 온도를 50~52℃로 맞춘 후 틴케이스에 왁스를 붓는다.

5 왁스가 살짝 굳으며 불투명해지면 준비한 나무 심지를 꽂는다. 왁스의 열기가 완전히 식어 굳을 때까지 하루 정도 기다린다.

Make 04
아름다운 그림자를 만드는 유리컵 양초

유리컵은 양초 컨테이너로 사용하기에 완벽한 용기다. 재질이 투명하기 때문에 유리컵 밖으로 새어나오는 아름다운 불꽃과 그림자를 감상할 수 있고, 양초가 다 타면 식음료용이라는 컵 본연의 기능대로 다시 사용할 수 있기 때문이다.

시중에서 판매하는 유리컵 양초들은 대부분 유리컵 표면에 무늬가 없는 매끈한 것들이지만, 무늬가 있는 유리컵을 사용하면 양초를 태울 때 여러 가지 그림자를 만들어내기 때문에 불꽃을 감상하는 재미를 더한다. 그러니 기왕이면 무늬가 있는 컵을 선택해 기성품과는 다른 매력을 풍기는 컨테이너 양초를 만들어보자.

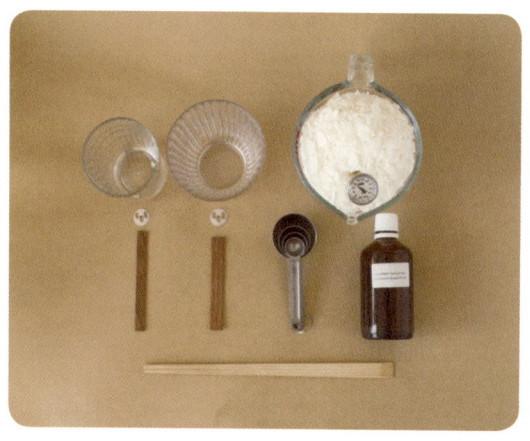

재료 :: 유리컵 2개, 소이 왁스 350g(에코소야 CB Advance 혹은 네이처 왁스/물방울무늬 컵용 왁스 150g, 줄무늬 컵용 왁스 200g), 나무 심지 M 1개(물방울무늬 컵용), 나무 심지 L 1개(줄무늬 컵용), 나무 심지 탭 2개, 라벤더 에센셜 오일(다른 오일로 대체 가능) 350g×0.07(7%)=24.5ml

도구 :: 계량스푼 1세트, 나무젓가락 1쌍, 자루 스테인리스 비커 1개, 온도계, 핫플레이트, 신문지 5~6장

How to

1 나무 심지를 컵 높이에 맞게 재단해서 심지 탭에 끼운다.

2 왁스를 조금 녹이고 컵에 부어 심지를 바닥에 고정한다.

3 분량의 왁스를 스테인리스 비커에 담아 녹인다.

• PART 03 담는 곳에 따라 분위기가 달라지는 컨테이너 양초

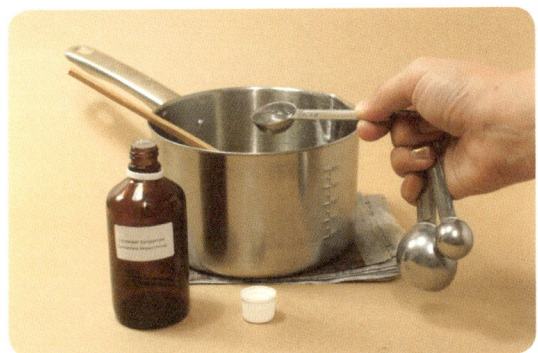

4 왁스가 완전히 녹으면 온도를 52~55℃로 맞춘 후 준비한 라벤더 에센셜 오일을 넣고 왁스와 오일이 잘 섞이도록 나무젓가락으로 계속 젓는다.

5 왁스의 온도가 50~52℃ 정도 되면 컵에 왁스를 붓는다. 이때 심지는 5mm 정도 남긴다.

6 왁스가 완전히 굳도록 하루 정도 충분히 기다린다.

• 087

가을 겨울에 필요한 추가 작업

여름에는 실내 온도가 높아 양초의 표면이 중심부와 같이 아주 천천히 굳기 때문에 양초 속에서 수축이 거의 생기지 않는다. 하지만 가을 겨울에는 실내 온도가 낮아 양초의 표면부터 빠르게 굳기 때문에 수축이 많이 나타난다. 이로 인해 양초의 속이 비면 태울 때 갑자기 중심부가 푹 꺼지면서 심지가 길어져 불꽃이 너무 커지거나 양초가 고르게 타지 않을 수 있다. 따라서 이 빈 공간을 채워야 한다.

유리컵 양초 만들기 작업을 마친 후 왁스가 굳도록 4~5시간 정도 기다렸다가 끝이 날카로운 도구로 심지 주변을 파내고 왁스를 덜어낸다. 심지 주변의 갈라진 곳을 파면 된다. 이때 왁스를 파낸 부분을 들여다보면 심지 주변으로 속이 빈 것이 보인다. 양초의 속을 채우는 방법은 다음과 같다.

1 | 표면이 망가지는 것을 두려워하지 말고 용감하게 심지 주변의 왁스를 파서 덜어낸다.

2 | 양초를 만들고 남은 왁스가 있다면 파낸 왁스와 함께 다시 녹인다. 이때 온도를 너무 높이면 에센셜 오일의 향이 많이 날아가므로 핫플레이트의 약한 불 정도에서 천천히 녹인다. 녹인 왁스를 파낸 구멍에 넘치지 않게 붓는다. 파인 공간에 딱 맞춰 붓는 것이 가장 좋지만 왁스가 위로 넘치는 것보다는 살짝 모자라게 붓는 것이 좋다. 이렇게 속을 채우고 표면이 완전히 굳을 때까지 3~4시간 정도 기다린다.

3 | 표면을 코팅하고 왁스를 완전히 굳힌다.('양초의 못난 표면 매끈하게 만들기' 참고, 124~125페이지)

웻 스폿

표면이 모두 보이는 투명 유리컵 양초의 골칫거리는 웻 스폿(Wet Spot)이다. 유리컵이 얼룩덜룩해 보여 예쁘지 않기 때문이다. 이런 현상은 실내 온도가 높은 여름에는 나타나지 않는다. 공기가 차가운 겨울에는 유리에서 왁스가 모두 떨어져 그나마 깨끗해 보이지만, 온도가 애매한 가을에는 얼룩덜룩하게 웻 스폿이 생기곤 한다.

왁스가 유리에서 떨어져 얼룩덜룩해 보이는 웻 스폿

이럴 때는 유리 밀착력을 높여 웻 스폿을 없애야 한다. 가장 간단한 방법은 헤어드라이어를 이용하는 것이다. 헤어드라이어로 유리컵을 뜨겁게 데운 다음 왁스를 적정 온도(50~52℃)보다 3~5℃ 정도 높여 붓는다.(컵이 많을 때는 오븐을 이용해 데워도 된다.) 헤어드라이어로 유리컵을 고르게 데운 다음 왁스를 부으면 왁스가 유리컵에 비교적 잘 붙는다. 다만 이 방법은 매우 번거로운데다(헤어드라이어로 컵을 데우다 보면 왁스가 너무 낮은 온도로 내려갈 수 있고, 왁스를 다시 데우다 보면 컵이 식는 상황의 반복), 공기가 차가운 겨울에는 성공률이 그리 높지 않다는 단점이 있다.

만약 유리에 왁스가 밀착된 곳보다 떨어진 곳이 많다면 차라리 유리컵에서 왁스를 완전히 떨어뜨리는 것이 보기 좋다. 완성된 양초를 냉장고에 잠깐 넣었다가 빼면 되는데, 낮은 온도에서 수축이 일어나 왁스가 유리컵에서 완전히 떨어진다. 추운 겨울에는 실온에서도 가끔 이런 일이 생긴다.

하지만 웻 스폿은 눈에 거슬리는 요소일 뿐 양초의 기능과는 아무런 상관이 없다. 계속 눈에 밟힐 만큼 신경이 쓰이는 게 아니라면 그냥 사용하는 것도 방법이다. 웻 스폿은 실내 온도에 따라, 혹은 양초를 태우고 나면 생기거나 사라지기도 한다.

소이캔들 만들기

컨테이너별 왁스 용량 가늠하기

양초 재료 가게에서 판매하는 컨테이너들은 필요한 왁스의 용량을 미리 알 수 있다. 그러나 집에 있는 용기를 컨테이너로 활용해 양초를 만들 경우에는 모양과 용량이 각기 다르기 때문에 먼저 필요한 왁스의 용량부터 확인해야 한다. 다음과 같은 방법을 이용하면 쉽게 해결할 수 있다.

감 믿기
일반적인 컨테이너 양초에 사용하는 유리컵에는 보통 150~200g 정도의 왁스가 담긴다. 유리컵이 약간 커 보인다면 200g, 보통 크기라면 150g을 넣고, 양이 조금 모자랄 경우 왁스를 좀 더 녹여 붓는다. 또한 왁스를 붓기 전 유리컵에 심지와 심지 탭을 넣고 무게를 잰 다음 왁스를 넣어 굳혔을 때의 무게를 재서 그만큼을 뺀다. 그 무게 차이가 바로 유리컵에 들어가는 왁스의 정확한 양이다.

계량컵 이용하기
계량컵이 있다면 사용할 컨테이너에 물을 가득 부은 후 그 물을 계량컵에 따라 양을 잰다. 물의 양에서 30을 뺀 양이 대강의 왁스 양이다. 이때는 경우에 따라 10g 정도의 왁스가 모자라거나 남기도 한다.

기준 컵 정하기
자신만의 기준 컵을 정해 컨테이너별 왁스의 양을 가늠하는 계량컵으로 활용하는 것도 한 가지 방법

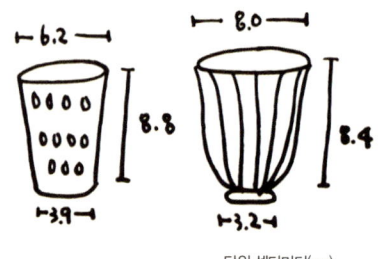

단위 센티미터(cm)

이다. 90페이지 그림 왼쪽의 물방울무늬 컵에는 150g, 줄무늬 컵에는 200g의 왁스가 들어간다. 이처럼 두 개 정도의 컵을 정해놓고 사용하면 편리하다. 자신이 가지고 있는 컨테이너와 크기를 비교해서 대강의 왁스 양을 가늠해보자.

Chapter 2
다채로운
색상의
컨테이너 양초

Intro
내가 원하는 모든 색으로 양초에 색을 입히다

하얀색 양초가 지겨워졌다면 다양한 색깔을 더해 개성 있는 양초를 만들어보자. 여러 가지 색으로 층을 만들거나 색의 농도를 달리하면 멋스러운 나만의 양초가 탄생한다. 양초에 색을 입히는 염료로는 사용하기 쉬운 인공 염료와 자연스러운 색을 내는 천연 염료가 있다.

인공 염료

인공 염료는 액체 타입과 고체 타입으로 나뉘며, 두 종류 모두 파라핀 왽스나 소이 왽스에 사용할 수 있다. 개인의 성향에 따라 선호하는 염료 타입이 있기 마련이지만, 고체 타입의 염료가 색을 내기 쉽고 부피가 작아 보관하기도 편하다. 고체 염료는 아주 적은 양만 넣어도 색이 나기 때문에 조금씩 깎아 넣으면서 색깔을 맞추는 것이 좋다. 흰 종이에 염료를 섞은 왽스를 조금씩 떨어뜨리면서 원하는 색깔을 만든다. 액체 타입의 염료는 플라스틱 병에 담아 소량으로 판매하고 있으며, 병 바닥에 가루가 가라앉으므로 흔들어서 사용해야 한다. 액체 염료는 한 방울씩 염료의 양을 조절해가며 색깔을 만들어가면 된다.

양초의 색은 왽스에 넣는 염료의 양에 따라 달라진다. 염료를 많이 넣거나 적게 넣어 색에 변

B22 Turquoise

B26 Hunter Green

B21 Sunshine Yellow

B05 Burgundy

B25 Mauve

화를 주고, 다양한 색을 섞어 사용할 수도 있다. 위 사진은 색깔별로 한 가지 색상의 염료 분량을 조금씩 늘리면서 양초 색의 농도를 5단계로 만든 것이다. 맨 왼쪽의 가장 연한 색은 놀랄 만큼 적은 양, 말 그대로 손톱만큼의 염료를 넣은 것이다. 염료는 판매하는 곳에 따라 색상 이름이나 번호가 다르기 때문에 제품명보다는 원하는 색상을 기준으로 선택하는 것이 좋다. 이 책에서는 '젤캔들샵'의 염료명에 따라 표기했다.

천연 염료

천연 염료를 사용해 양초에 색을 내는 경우는 흔치 않다. 하지만 소이 왁스나 비즈 왁스 등 천연 왁스로 양초를 만드는 사람이라면 누구나 한 번쯤 고민해보았을 것이다. 천연 왁스로 만드는 양초에 염료까지 천연 재료를 사용한다면 금상첨화일 테니 말이다.

소이캔들 만들기 •

왼쪽부터 백년초가루, 쪽가루, 청해초가루, 비트가루, 청대가루, 파프리카가루, 클로렐라가루, 율무가루, 숯가루

양초를 만들 때 천연 염료를 많이 쓰지 않는 이유는 사용하기가 성가시고 비경제적이기 때문이다. 천연 염료는 색을 보존하는 첨가제가 들어 있지 않아 화학 염료보다 자외선에 약하고 색이 빨리 바랜다. 게다가 양초를 만들어 굳히는 과정에서 색이 변하기도 한다. 그러므로 천연 염료의 특징을 잘 파악해야 자신이 원하는 아름다운 색상을 낼 수 있다. 예를 들어 아래의 회색 부엉이 양초는 쪽가루로 색을 낸 것인데, 쪽가루를 왁스에 섞으면 처음에는 하늘색에 가까운 푸른색을 내지만 2~3일 지나면 푸른색이 많이 옅어져 회색빛이 돈다. 하지만 청대가루는 꽤 오랫동안 본래의 색을 유지해 푸른색을 낼 때 사용하면 아주 좋다.

가루 형태의 천연 염료는 왁스에 완전히 녹지 않는다. 따라서 가루 알갱이가 왁스에 남아 있는 상태에서 사용할 수도 있고, 가루를 최대한 걸러내고 컬러 블록을 만들어 쓸 수도 있다. 간혹 크레용을 염료로 사용하는 사람들이 있는데, 이는 바람직한 방법이 아니다. 양초 색깔을 테스트할 때 시험 삼아 사용해볼 수는 있지만, 크레용을 염료로 넣으면 양초가 탈 때 특유의 화학물 냄새를 풍기므로 사용하지 않는 편이 낫다.

천연 염료 가루는 방산종합시장의 비누 재료를 파는 곳에서 구입할 수 있으며, 비누 재료를 파는 상점들은 양초 재료 가게와 가까이 붙어 있어 찾기도 쉽다.

• PART 03 담는 곳에 따라 분위기가 달라지는 컨테이너 양초

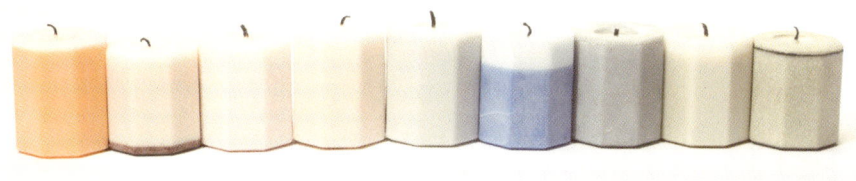

위 사진은 여러 가지 천연 염료를 이용해서 만든 보티브 양초다. 염료의 양과 염료가 가라앉는 정도에 따라 각양각색의 양초가 탄생한다.

쪽가루로 천연 컬러 블록 만들기

천연 가루를 양초의 염료로 쓰기는 쉽지 않다. 가루가 깨끗하게 녹지 않고 알갱이로 남기 때문이다. 원형이나 직사각형 등 단순한 모양으로 만들 때는 염료 가루가 보여도 형태가 단순하기 때문에 지저분해 보이지 않는다.

하지만 동물 모양 등 복잡한 형태의 양초에서 가

사용한 염료는 왼쪽부터
파프리카가루 : 분말이 고와 색이 잘 빠지고 가루가 많이 보이지 않는다.
백년초가루 : 색깔이 진한 맨 아랫부분이 가루가 가라앉은 곳이다. 색이 잘 나지는 않지만 가루가 가라앉으면서 띠를 형성해 층이 있는 양초가 된다.
비트가루 : 색이 진하게 나지는 않는다. 백년초가루와 비슷한 분홍색을 띠지만 더 선명하고 맑은 분홍색이 나온다.
율무가루 : 아주 연한 핑크빛이 도는 아이보리색이라 할 수 있다.
숯가루 : 멋진 회색을 만들 수 있다. 색이 잘 난다.
청대가루 : 천연 가루 중 왁스에 가장 잘 녹고 파란색이 진하게 난다.
쪽가루 : 색이 잘 나지만 양초를 만든 후 어느 정도 시간이 지나면 색이 살짝 변한다. 몰드에서 꺼낼 때는 진한 하늘색이지만 차츰 회색빛이 도는 하늘색으로 바뀐다.
청해초가루 : 연한 올리브 그린 계열의 색을 낸다. 가루가 고와 색이 잘 나는 편이다.
클로렐라가루 : 다른 가루에 비해 입자가 거칠고 굵다. 가라앉는 가루도, 떠 있는 가루도 많아 양초가 지저분하다. 색은 청해초에 비해 진하고 예쁘지만 초 색깔을 내는 염료로는 적합하지 않다.

루가 보이면 양초가 지저분해 질이 매우 떨어져 보인다. 이러한 문제를 해결할 수 있는 방법이 '컬러 블록'이다. 소이 왁스에 가루를 넣고 색을 만든 다음 가루를 제거하는 과정을 거쳐 만들면 된다.

이를테면 셀프메이드 컬러 블록(self-made color block) 정도 되는데, 시중에서 판매하는 고체

염료만큼 진하게 농축된 색은 만들 수 없어 한 번에 많이 사용해야 하기 때문에 처음에 넉넉하게 만드는 것이 좋다.

1— 컬러 블록은 모두 필라용 왁스로 만든다. 컨테이너용 왁스는 너무 물러 블록을 만들기에 적합하지 않다. 왁스를 녹일 때는 반드시 온도가 90℃를 넘지 않게 유지한다.

2— 왁스 용량의 10% 비율로 천연 가루를 넣는다. 예를 들어 왁스가 200g이면 염료 가루 20g을 넣으면 된다. 이보다 많이 넣으면 가루가 너무 많고, 적게 넣으면 색이 너무 흐리다.

3— 계속 온도를 유지하면서 천천히 젓는다. 대략 5분 정도 서서히 저으면서 색이 우러나게 한다.

4— 왁스를 녹인 스테인리스 비커를 그대로 굳힌다. 염료 가루가 잘 가라앉도록 비커를 움직이지 말고 굳을 때까지 그대로 둔다. 하루 정도 기다리면 된다.

5— 컨테이너용 왁스는 수축을 많이 하기 때문에 굳으면 비커에서 쉽게 떨어진다. 손으로 비커의 밑바닥을 살짝 누르면 툭하고 왁스가 빠져나온다. 잘 떨어지지 않으면 냉장고에 잠깐 넣었다가 뺀다.

6— 왁스를 꺼내면 아래쪽으로 내려갈수록 색이 진한 동시에 가루가 몰려 있는 것을 볼 수 있다. 이 가루 부분을 깎아내면 비교적 알갱이가 적은 깨끗한 컬러 블록이 된다. 깎을 때 서걱서걱 소리가 나면서 손으로 만졌을 때 까끌거리는 느낌이 들면 가루가 많이 몰려 있다는 뜻이므로 부드러운 느낌이 들 때까지 깎아낸다. 하지만 가루를 완벽하게 제거할 수는 없으므로 이 점을 감안하고 양초를 만들어야 한다.

7— 컬러 블록 완성. 양초에 색을 낼 때 이 컬러 블록을 깎아서 사용하는데, 처음에는 원하는 색보다 약간 진하게 만드는 것이 좋다. 시간이 지날수록 색이 조금씩 빠지기 때문이다.

8— 완성된 컬러 블록은 빛이 닿지 않도록 포일로 싸서 보관한다.

Make 01
기본적인 솔리드 컬러 양초

시중에서 판매하는 인공 염료를 이용해 한 가지 색깔의 양초를 뜻하는 솔리드 컬러 양초(Solid Color Candle)를 만들어보자. 색을 넣은 양초를 만들 때는 되도록 표면에 무늬가 없는 유리컵을 사용한다. 컵에 무늬가 있을 경우 염료의 색과 뒤섞여 자칫 조잡해 보일 수 있다. 포인트는 언제나 하나로 족하다. 샤넬도 말하지 않았던가. 외출하기 전에 거울을 보고 꼭 아이템 하나를 덜어내고 나가라고. 무늬도 있고 색깔도 화려하면 오히려 못난 양초가 되기 쉽다. 색 양초를 만들 때는 자신이 선택한 컨테이너의 모양에 맞춰 색깔과 에센셜 오일을 정하는 것이 좋다. 여기서는 컵의 형태가 꽃봉오리 같으므로 분홍색과 일랑일랑 오일을 사용해서 만들어보기로 한다.

재료 :: 소이 왁스 200g(에코소야 CB Advance 혹은 네이처 왁스), 컨테이너 1개, 나무 심지 L 1개(컵의 지름을 재보고 알맞은 심지를 선택한다), 나무 심지 탭 1개, 염료 B25 Mauve, 일랑일랑 에센셜 오일(다른 오일로 대체 가능) 200g × 0.05(5%)=10ml

◆ 일랑일랑은 향이 매우 달고 강하기 때문에 다른 오일보다 적은 5%를 넣는다. 다른 오일로 대체할 경우 0.07(7%)을 곱할 것.

도구 :: 계량스푼 1세트, 나무젓가락 1쌍, 자루 스테인리스 비커 1개, 온도계, 핫플레이트, 신문지 5~6장

How to

1 나무 심지를 컨테이너 높이에 맞게 재단해서 탭에 끼운다. 사진은 아래로 내려갈수록 급격히 좁아지는 컨테이너의 형태에 맞춰 재단한 나무 심지다.

2 분량의 왁스를 스테인리스 비커에 담아 나무젓가락으로 저으며 녹인다.

3 왁스가 녹는 동안 염료를 손톱만큼 아주 조금 깎아넣는다. 염료를 덩어리로 잘라 많이 넣으면 굉장히 진한 색이 나오므로 아주 얇게 깎아야 한다. 실제로 사용한 양은 사진의 흰 종이 위에 깎아놓은 염료의 1/3 수준이다.

4 왁스에 깎아놓은 염료를 아주 조금씩 넣으며 젓가락으로 저어 색을 풀어준다. 특히 붉은색 계열은 색이 잘 풀리지 않으므로 아주 꼼꼼하게 저어야 한다. 색을 섞는 동안 계속 온도를 체크해 52~55℃를 유지한다.

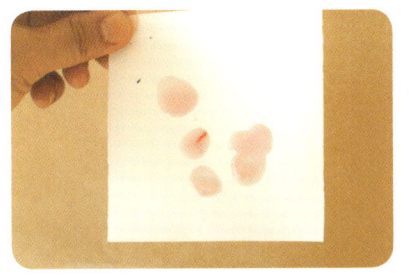

5 색이 다 풀리면 젓가락으로 왁스를 살짝 찍어 흰 종이에 떨어뜨린다. 색깔을 확인하고 염료를 더 넣을지 말지 결정한다. 색을 잘 풀지 않으면 사진에서 보이는 것처럼 염료가 뭉쳐 색이 진한 부분이 생긴다.

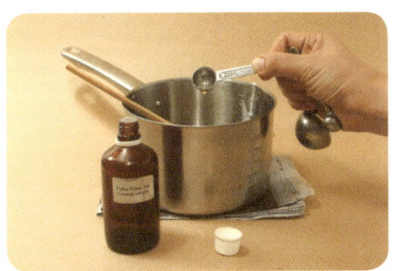

6 색을 맞췄다면 분량의 일랑일랑 에센셜 오일을 넣고 왁스와 오일이 잘 섞이도록 나무젓가락으로 계속 저어준다.

7 온도가 50~52℃ 정도 되면 컵에 왁스를 붓는다. 왁스가 굳으면서 불투명해지기 시작하면 심지를 꽂고, 왁스가 굳을 때까지 반나절 정도 기다린다.

8 왁스가 굳으면 남은 왁스를 천천히 녹여 울퉁불퉁한 표면을 살짝 코팅해준다. 양초가 완전히 굳도록 하루 정도 충분히 기다린다.

Make02
경계가 자연스러운 그러데이션 양초

염료의 양을 달리해서 만드는 그러데이션 양초는 시중에서 흔히 볼 수 있다. 하지만 자연스러운 그러데이션을 이루고 있는 양초보다는 층이 명확하게 나뉜 제품이 많다. 여기서는 조금 더 자연스럽게 그러데이션을 살린 양초를 만들어보자. 먼저 염료를 섞은 색깔 왁스를 컨테이너에 붓고 염료를 섞지 않은 하얀색 왁스를 세 번에 나누어 붓는다. 이때 중요한 것은 왁스를 녹인 스테인리스 비커를 컨테이너에 대고 컨테이너를 살살 돌려가며 조금씩 천천히, 고르게 붓는 것과 색을 낸 왁스와 하얀색 왁스의 경계를 나무젓가락으로 원을 그려가며 자연스러운 그러데이션으로 만들어내는 것이다.

재료 :: 소이 왁스 200g(에코소야 CB Advance 혹은 네이처 왁스), 컨테이너 1개, 나무 심지 L 1개, 나무 심지 탭 1개, 염료 B32 Arctic Blue, 페퍼민트 에센셜 오일(다른 오일로 대체 가능) 200g×0.07(7%)=14ml

도구 :: 계량스푼 1세트, 나무젓가락 1쌍, 자루 스테인리스 비커 2개(하얀 왁스용 1개, 푸른 왁스용 1개), 핫플레이트, 온도계, 신문지 5~6장

How to

1 심지를 컨테이너 높이에 맞게 재단해서 탭에 끼워놓는다.

2 왁스를 비커 1에 모두 녹인다. 녹인 왁스 약 50g을 비커 2에 덜어 염료를 아주 진하게 섞은 뒤 컨테이너에 붓는다. 비커 1에 있는 왁스는 온도를 계속 50~52℃ 정도로 유지한다.

3 파란색 왁스가 굳기 직전인 끈적한 상태가 되면 비커 1을 컨테이너에 바짝 대고 컨테이너를 살살 돌려가며 하얀 왁스 1/3(약 50g)을 조금씩 천천히, 고르게 붓는다

4 아직 파란색 왁스와 하얀색 왁스의 경계가 분명해 보이므로 나무젓가락을 이용해 파란 기둥 주변으로 원을 그리듯 살살 젓는다.

5 왁스가 굳으면서 불투명해지기 시작하면 심지를 꽂는다.

• PART 03 담는 곳에 따라 분위기가 달라지는 컨테이너 양초

6 비커 1에 남은 하얀 왁스의 온도를 살짝 높여 55℃로 맞춘 후 3번과 같은 방법으로 붓는다.

7 왁스를 부어도 경계가 사라지지 않으면 헤어드라이어로 컵 표면에 열을 쐬어 왁스를 살짝 녹인다. 표면의 왁스가 녹으면 4번과 같이 나무젓가락으로 저어 경계를 무너뜨린 뒤 왁스가 대강 굳을 때까지 기다린다.

8 비커 1에 남은 하얀 왁스의 온도를 55℃로 맞춘 후 3번과 같은 방법으로 다시 붓는다.

9 마지막으로 한 번 더 남은 왁스를 부어 표면을 정리한다.

Make 03
여름에 어울리는
시원한 스트라이프 양초

색과 색이 층을 이루는 스트라이프 양초는 줄무늬의 간격에 따라 양초가 많이 달라 보인다. 층마다 각기 다른 색을 넣거나 색깔마다 다른 향을 넣을 수 있다는 것도 스트라이프 양초의 장점이다. 그러므로 양초를 만들기 전 자신이 원하는 모양을 대강 드로잉해보고, 어떤 향을 넣을지 미리 정하고 시작하는 것이 좋다.

여기서는 마린 룩을 연상시키는 파란색 스트라이프 양초를 만들어본다. 하얀 줄무늬 부분에는 라벤더 오일, 푸른 부분에는 일랑일랑 오일을 넣어 색깔마다 향을 달리 해보자. 시원한 느낌을 주어 여름에 더욱 잘 어울리는 파란색은 천연 염료 중 가장 다루기 쉬운 청대가루를 이용해 색을 내본다.

재료 :: 컨테이너 1개, 소이 왁스 200g(에코소야 CB Advance 혹은 네이처 왁스/하얀색용 왁스 150g, 파란색용 왁스 50g), 나무 심지 M 1개, 나무 심지 탭 1개, 청대가루, 라벤더 에센셜 오일 150g×0.07(7%)=10.5ml, 일랑일랑 에센셜 오일 50g×0.05(5%)=2.5ml

도구 :: 계량스푼 1세트, 나무젓가락 1쌍, 자루 스테인리스 비커 3개(하얀 왁스용 1개, 푸른 왁스용 2개), 온도계, 핫플레이트, 신문지 5~6장

How to

1. 나무 심지를 준비하고, 유성 펜으로 컨테이너에 왁스를 부을 위치를 표시한다. 하얀색용 왁스의 1/3인 50g을 비커 1에 담아 녹인다. 왁스 온도를 52~55℃로 맞춘 후 라벤더 에센셜 오일 3.5ml를 넣고 젓는다.

2. 왁스 온도가 50~52℃로 내려가면 컨테이너에 붓는다. 왁스가 굳으면서 불투명해지면 심지를 세운 다음 완전히 굳을 때까지 반나절 정도 기다린다.

3. 비커 2에 파란색용 왁스를 녹인다.(필요한 양은 50g이지만 색깔 왁스는 완전히 똑같은 색을 다시 만들기 힘들기 때문에 10g을 더 녹이면 좋다.) 왁스 온도가 60℃쯤 되면 청대가루를 넣는다. 왁스를 묻힌 젓가락을 청대가루에 찔러 넣으면 가루가 젓가락에 붙어 나온다. 조금씩 넣으면서 원하는 색을 맞춘다.

4. 온도가 떨어지면 왁스가 끈적해져 가루가 잘 섞이지 않으므로 55℃ 정도로 유지하면서 섞는다. 열심히 저어 바닥에 가루가 거의 보이지 않도록 섞는다. 가루가 다 섞이면 비커 3에 색을 낸 왁스의 반을 덜어낸다.

5. 비커 3의 온도를 52~55℃로 맞춘 후 일랑일랑 에센셜 오일 1.25ml를 넣는다. 오일을 잘 섞은 뒤 왁스 온도를 50~52℃로 맞추고 비커 3의 청색 왁스를 컨테이너에 붓는다. 속의 열기까지 완전히 빠져나가 굳도록 반나절 정도 기다린다.

6 흰색 왁스 50g을 녹여 라벤더 에센셜 오일 3.5ml를 넣고 섞는다. 왁스 온도를 50~52℃로 맞춘 뒤 컨테이너에 붓고 완전히 굳을 때까지 기다린다.

7 흰색 층이 완전히 굳으면 비커 2에 남은 청색 왁스를 다시 녹여 일랑일랑 오일 1.25ml를 넣고 섞는다. 왁스 온도를 50~52℃로 맞춘 뒤 컨테이너에 붓고 굳을 때까지 기다린다.

8 청색 층이 완전히 굳으면 흰색 왁스 50g을 녹여 라벤더 에센셜 오일 3.5ml를 넣고 섞는다. 왁스의 온도를 50~52℃ 정도로 맞춘 뒤 컨테이너에 붓고 완전히 굳힌다.

TIP
스트라이프 양초는 깔끔하게 층이 이루어지도록 만드는 것이 관건이다. 컨테이너와 각 층의 굳은 왁스 사이로 새로 붓는 왁스가 들어가지 않게 해야 하는 것이다. 따라서 왁스를 유리에 완벽하게 밀착시키고 각 층의 왁스 표면을 단단히 굳히는 것이 중요하나. 그러나 왁스를 단단히 굳히기 위해 너무 오래 기다리면 왁스가 컨테이너 유리에서 떨어져 틈이 생길 수 있다. 왁스가 유리에서 떨어지지 않고 표면은 단단해 보이는 타이밍을 노려야 하는 것이다. 자신이 없을 때는 젓가락으로 부으려는 왁스를 조금씩 떨어뜨려 틈을 미리 막는 것도 방법이다.

Make 04
삐딱해서 독특한
사선 양초

사선 양초는 모양이 독특해 만들기 어려워 보이지만 만드는 방법은 생각보다 간단하다. 컨테이너를 한쪽으로 기울인 상태에서 녹인 왁스를 붓고 굳히는 과정만 반복하면 완성된다. 이 양초는 사선으로 나뉜 컬러가 멋진 대비를 이루기 때문에 표면에 무늬가 없는 매끈한 유리컵을 컨테이너로 선택하는 것이 좋다.

사선 양초 만들기

두 개 층으로 나뉜 사선 양초는 양초 내부에
서 수축이 거의 일어나지 않는다. 적은 양의 왁스를 두 번에 나눠 붓기 때문이다. 따라서 양초 속의 빈 곳을 채우는 작업 과정은 건너뛰어도 된다. 사선 양초는 컨테이너의 기울기에 따라 느낌이 많이 달라지므로 다양한 드로잉을 해본 다음 원하는 모양을 만들도록 한다. 여기서는 첫 번째 드로잉의 양초를 만들어본다.

재료 :: 컨테이너 1개, 소이 왁스 200g(에코소야 CB Advance 혹은 네이처 왁스/하얀 왁스용 105g, 파란 왁스용 95g), 나무 심지 M 1개, 나무 심지 탭 1개, 탭 스티커, 염료 B22 Turquoise, 라벤더 에센셜 오일 200g× 0.07(7%)=14ml

도구 :: 계량스푼 1세트, 나무젓가락 1쌍, 자루 스테인리스 비커 2개, 온도계, 핫플레이트, 신문지 5~6장

How to

1 받침대를 이용해 컨테이너의 한쪽을 높게 괴고 기운 쪽에 지지대를 쌓아준다. 컨테이너에 물을 부어 사선의 각도를 확인하며 기울기를 정한 다음 컨테이너에 물이 한 방울도 남지 않도록 깨끗하게 닦는다.

2 나무 심지를 컨테이너 높이에 맞춰 재단해 심지 탭에 끼우고 바닥에 탭 스티커를 붙인다. 중심을 잘 맞춰 심지 탭을 컨테이너에 고정시킨다.

3 비커 1에 왁스 95g을 녹인다. 왁스가 녹으면 염료를 깎아 넣고 젓가락으로 저어 색을 잘 풀어준다. 사선 양초는 색의 대비가 강렬해야 멋스러우므로 과감하게 염료를 깎아 넣는다. 색을 섞는 동안 왁스의 온도를 52~55℃로 유지한다.

4 색이 다 풀리면 왁스를 젓가락으로 살짝 찍어 흰 종이에 떨어뜨려 색깔을 맞춘 후 라벤더 에센셜 오일 7ml를 넣는다. 왁스와 오일이 잘 섞이도록 나무젓가락으로 계속 저어준다.

• PART 03 담는 곳에 따라 분위기가 달라지는 컨테이너 양초

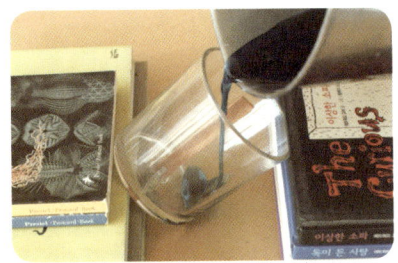

5 왁스의 온도가 50~52℃ 정도 되면 컨테이너에 왁스를 붓는다. 사선이 깨끗하게 나와야 하므로 컨테이너의 다른 면에 튀지 않도록 살살 붓고, 왁스가 단단하게 굳을 때까지 반나절 정도 기다린다. 왁스가 굳으면 받침대를 모두 빼고 컨테이너를 똑바로 세운다.

6 비커 2에 왁스 105g을 넣고 녹인다. 왁스의 온도를 52~55℃로 맞춘 후 라벤더 에센셜 오일 7ml를 첨가해 잘 섞는다. 왁스의 온도를 50~52℃로 맞춘 뒤 청록색 왁스의 높이에 맞춰 컨테이너에 붓는다.

7 왁스가 완전히 굳을 때까지 반나절 정도 기다린다.

TIP
사선 양초는 나무 심지를 중심으로 어느 방향으로 사선을 주느냐에 따라 양초의 앞뒤와 옆면이 결정된다. 즉, 옆으로 눕힌 컨테이너 속 심지가 작업대와 평행이 되도록 기울일지 혹은 직각이 되게 기울일지 생각해서 컵의 위치를 잡는다.

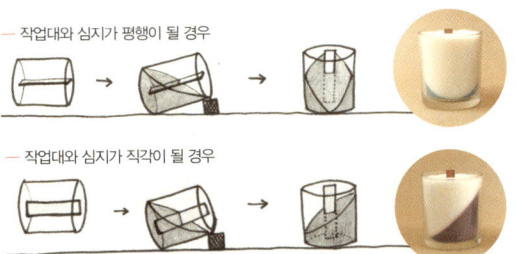

— 작업대와 심지가 평행이 될 경우

— 작업대와 심지가 직각이 될 경우

사선 양초 표면 다듬기

사선 양초는 스트라이프 양초에 비해 난이도가 조금 높다. 왁스의 높이가 일정해 고르게 굳는 것이 아니라, 컨테이너의 기울기에 따라 왁스가 많은 부분은 천천히 굳고 적은 부분은 빨리 굳는 등 여러 가지 변수가 생기기 때문이다. 하지만 정성 들여 만든 양초에 문제가 생겼다고 해서 왁스를 다시 녹이거나 못난이 양초를 그대로 사용할 필요는 없다. 양초의 표면을 살짝만 다듬어주면 감쪽같이 멋진 사선 양초로 다시 태어난다.

1 하얀 왁스가 색깔 왁스로 스며들어 경계선이 흐려진 양초다. 왁스가 유리컵에 붙었다가 떨어지면서 자국을 남겨 지저분해 보인다.

2 양초를 5~10분 정도 냉장고에 넣어 차갑게 식혀서 왁스를 완전히 떼어낸다. 컵을 흔들어 심지를 살짝 잡아당기면 굳은 왁스만 쏙 빠진다. 유리컵에 묻은 왁스를 헤어드라이어로 살짝 녹여 휴지로 깨끗이 닦아낸다. 단, 차가운 유리컵에 갑자기 열을 가하면 깨질 수 있으므로 유리컵의 냉기가 가시면 진행한다.

3 손의 온기로 인해 왁스가 녹아 자국이 남지 않도록 살짝 쥐고 조각칼로 지저분한 표면을 살살 깎아낸다. 이때 한 번에 깎아내려 하지 말고 최대한 자국이 남지 않도록 지저분한 것만 긁어내며 다듬는다.

• PART 03 담는 곳에 따라 분위기가 달라지는 컨테이너 양초

4 손질한 왁스를 유리컵에 잘 맞춰 다시 넣으면 마치 처음부터 깨끗했던 것 같은 사선 양초가 완성된다.

TIP
사선 양초도 다양한 모양으로 응용할 수 있다. 사선의 층을 여러 개로 나누면 각기 다른 양초가 탄생해 눈이 즐거워진다. 그러므로 다양한 드로잉으로 나만의 색다른 양초를 디자인해보자. 드로잉을 할 때는 최대한 사용할 컨테이너의 모양과 비슷하게 그리는 것이 좋다. 3단 사선 양초도 만드는 방법은 2단 사선 양초와 같다. 왁스를 세 번으로 나누어 붓는다는 점만 다르다. 여기서 주의할 점은 두 번째 층까지 왁스를 붓는 동안 절대로 컨테이너를 움직여서는 안 된다는 것이다. 컨테이너를 움직이면 왁스의 기울기가 달라지기 때문이다.

Make 05
겉과 속이 다른 달걀양초

달걀의 흰자가 노른자를 감싸고 있는 것처럼 겉과 속이 다른 양초를 만들어보자. 이를 위해서는 최종적으로 왁스를 부을 큰 컨테이너 하나와 노란색 부분을 떠낼 수 있는 몰드 역할의 작은 컨테이너가 필요하다. 여기서는 집에 있는 도구를 활용하기 위해 작은 컵을 몰드로 사용했으나 기성 제품인 보티브 몰드와 같은 작은 몰드를 사용하면 노란 부분을 더욱 손쉽게 만들 수 있다. 몰드가 꼭 원형일 필요는 없다. 별 모양이나 삼각형, 사각형처럼 각이 확실한 모양이 효과적이다. 만약 집에 있는 컵을 몰드로 사용한다면 두 가지를 명심한다. 첫째, 컨테이너에 몰드를 넣었을 때 사방이 5mm~1cm 정도 여유가 있어야 한다. 둘째, 왁스가 굳었을 때 꺼내기 쉽도록 윗부분이 아랫부분보다 넓은 형태여야 한다. 일자 형태의 컨테이너는 왁스를 꺼내기가 약간 힘들다. 일반적으로 가정에서 사용하는 컵은 음료가 넘치는 것을 방지하기 위해 컵의 입구가 안쪽으로 살짝 볼록하게 처리되어 있다. 이런 컵은 몰드로 사용할 수 없으니 입구가 매끈한 형태의 컵을 사용하도록 한다.

재료 :: 작은 컨테이너 1개, 큰 컨테이너 1개, 소이 왁스 180g(에코소야 CB Advance 혹은 네이처 왁스/노란색용 왁스 80g, 하얀색용 왁스 100g), 나무 심지 M 1개, 나무 심지 탭 1개, 염료 B21 Sunshine Yellow(다른 염료로 대체 가능), 바닐라 프레그런스 오일(다른 오일로 대체 가능, 프레그런스 오일은 10% 적용) 노란색용 80g×0.1(10%)=8ml, 하얀색용 100g×0.1(10%)=10ml
도구 :: 계량스푼 1세트, 나무젓가락 1쌍, 자루 스테인리스 비커 2개(노란색 왁스용, 하얀색 왁스용), 온도계, 핫플레이트, 신문지 5~6장

How to

1 노란색 왁스를 담을 작은 컨테이너에 왁스를 어느 위치까지 부을지 미리 표시해놓는다. 작은 컨테이너로 만든 노란색 왁스의 높이는 최종적으로 왁스를 모두 담을 컨테이너보다 낮아야 한다.

2 심지를 컨테이너에 표시된 왁스의 위치보다 5mm 정도 길게 재단해 탭에 끼워놓는다.

3 왁스를 녹여 노란색 염료로 색을 맞추고 온도를 50~52℃ 정도로 맞춰 컨테이너에 붓는다. 왁스가 살짝 굳으면 심지를 꽂는다.

4 왁스가 완전히 굳을 때까지 기다렸다가 냉장고에 5~10분 정도 넣어둔다. 컨테이너의 표면을 골고루 쳤을 때 달그락거리며 왁스 떨어지는 소리가 들리면 심지를 살살 잡아당겨 왁스를 뺀 다음 실온에 둔다.

5 비커에 하얀색용 왁스를 녹인 다음 바닐라 오일을 넣고 잘 섞는다. 왁스의 온도를 50~52°C로 맞춘 뒤 큰 컨테이너에 반이 조금 안 되게 붓는다.

6 노란색 왁스의 심지가 컨테이너의 중앙에 오도록 조심해서 넣는다. 노란색 왁스의 높이를 넘거나 너무 모자라지 않도록 나머지 하얀색 왁스를 딱 맞춰 붓는다.

7 왁스를 부은 다음에는 절대로 컨테이너를 움직이지 말고 완전히 굳을 때까지 기다린다.

Chapter 3
표면이 아름다운
컨테이너 양초

Intro
양초의 못난 표면
매끈하게 만들기

　　　　　소이캔들은 컨테이너에 왁스를 붓고 그냥 기다린다고 해서 표면이 거울처럼 반질반질해지지 않는다. 심지 주변이 갈라지기도 하고 여기저기가 움푹 꺼지거나 구멍이 뚫리기도 하며, 매끈하지 않고 우툴두툴 거칠어 보이게 굳기도 하기 때문이다. 특히 왁스가 매우 천천히 굳는 여름(특히 기온이 30℃ 이상인 날)에는 표면이 울퉁불퉁해 보일 정도로 못나게 굳는다.

　이 모든 문제의 원인은 온도. 실내 온도가 낮은 겨울에는 겉면이 먼저 빠르게 굳기 때문에 표면이 비교적 예쁘게 나와 따로 표면 손질을 하지 않아도 되지만, 실내 온도가 30℃를 넘나드는 여름에는 깜짝 놀랄 정도로 양초 표면이 못나게 완성된다.

　재미있는 것은 양초의 겉과 속이 반대라는 점이다. 표면과 속의 왁스가 일정한 온도로 천천히 굳는 여름에는 수축 현상이 적어 따로 양초 속을 채우는 작업을 하지 않아도 된다. 반면 표면부터 왁스가 빠르게 굳는 겨울에는 수축 현상이 심해 표면은 반들반들한 대신 심지 주변이 비게 된다. 반들반들한 표면과 꽉 찬 속은 양립할 수 없는 양초의 딜레마인지도 모른다.

　이 장에서는 양초 표면을 보기 좋게 다듬는 방법과 표면 다듬기 과정에서 독특한 양초를 만들 수 있는 몇 가지 방법을 소개한다. 양초 표면을 매끈하게 만드는 방법은 두 가지다. 이 방법으로 성형을 하면 아무리 못생긴 양초도 눈길을 사로잡을 만큼 아름답게 만들 수 있다.

왁스로 코팅하기

먼저 표면을 다듬을 컨테이너 양초를 준비하고 여분의 왁스를 녹여 양초 표면의 90% 정도만 채운다. 녹인 왁스를 양초 심지 주변에 살살 부은 다음 아주 조심스럽게 컨테이너를 움직여 왁스를 골고루 채우고 굳히면 표면이 깨끗해진다. 이는 실내 온도에 관계없이 사계절 모두 쓸 수 있는 방법이다. 다만 실내 온도가 높은 여름에는 왁스의 양을 약간 적게 부어 얇게 코팅하는 것이 좋다. 번거롭긴 하지만 이렇게 하면 가장 효과적으로 예쁜 표면을 만들 수 있다.

헤어드라이어 이용하기

헤어드라이어로 양초 표면을 살짝 녹였다가 다시 굳히는 방법이다. 다만 헤어드라이어의 바람 강도가 세면 왁스가 여기저기로 마구 튈 수 있으므로 바람

의 강도를 가장 약하게 놓고 사용해야 한다. 또한 헤어드라이어를 이용할 때는 표면을 골고루 일정하게 녹여야 굳었을 때 예쁘다. 이 방법은 여름 이외의 계절에 사용하면 좋다. 헤어드라이어 이용법은 컨테이너에 붓는 온도가 비교적 높은 골든 왁스를 사용한 양초에는 별로 좋은 방법이 아니다. 헤어드라이어로 열을 가하면 낮은 온도에서 왁스가 녹았다가 다시 굳는데, 이때 하얗게 버짐이 핀 것 같은 프로스팅(Frosting) 현상이 생겨 표면이 더욱 못난 양초가 될 가능성이 높다.

Make 01
초콜릿 몰드로 만드는 개성 있는 유리컵 양초

초는 불을 켜면 위부터 녹기 때문에 표면을 꾸민다는 것은 헛된 노력처럼 보인다. 하지만 양초는 불을 붙이기 전의 모습도 중요하다. 불을 켜기 전의 양초 자체를 감상하는 것도 기분 좋은 일이며, 태우기 아까워 며칠이고 놔뒀다가 켤 때의 마음은 설레기도 한다. 또한 애써 만든 오브제가 불꽃에 어이없이 녹아내리는 광경에 작은 카타르시스도 느낄 수 있다. 양초를 직접 만들면 좋은 점 중 하나가 기성품과 달리 만들 수 있다는 것이다. 표면을 매끄럽게 다듬는 데서 한 단계 더 나아가 시중에서 판매하는 양초에서는 찾아볼 수 없는 개성을 부여해보자.

초콜릿 몰드를 이용한 표면 꾸미기

시중에서 판매하는 초콜릿 몰드를 이용하면 색다른 양초를 만들 수 있다. 실리콘 재질로 된 몰드는 1만원이 훌쩍 넘지만, 투명한 플라스틱 재질의 몰드는 1000원 정도면 구매할 수 있다. 몰드에 붓는 왁스는 필라용을 사용한다. 컨테이너용 왁스는 모양을 뜨기에는 너무 물러 사용하기 어렵다.

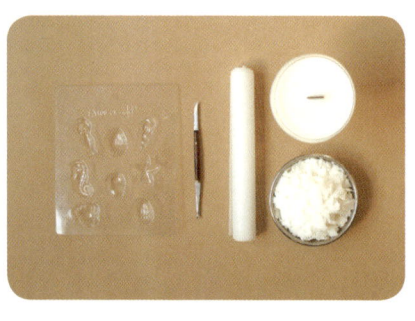

재료 및 도구 : : 초콜릿 몰드, 약간의 필라용 소이 왁스(선택한 몰드에 따라 다르지만 80~100g 정도 준비), 여분의 컨테이너용 왁스(컨테이너 양초의 표면 코팅용), 완성된 컨테이너 양초

How to

1 몰드의 수평을 맞춘 다음 필라용 왁스를 녹여 붓고 굳힌다. 왁스의 온도는 80℃정도가 적당하다.(오브제에도 향을 넣고 싶다면 왁스를 녹인 후 에센셜 오일이나 프레그런스 오일을 섞는다.)

2 왁스가 굳으면 몰드를 살짝 휘면서 오브제가 깨지지 않도록 조심스럽게 꺼낸다.

3 오브제 주변의 지저분한 왁스를 다듬어 깨끗하게 준비해놓는다.

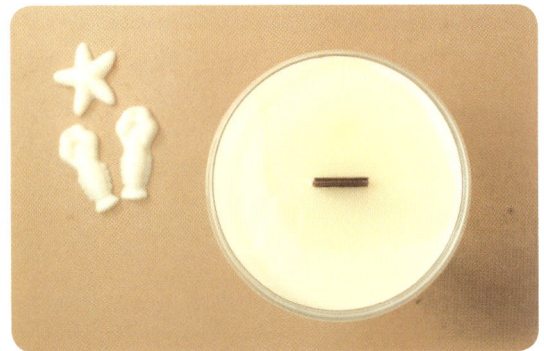

4 컨테이너 양초에 오브제를 이리저리 얹으며 나름의 디자인을 해본다. 원하는 디자인을 정했다면 여분의 컨테이너용 왁스를 녹여 양초의 표면을 얇게 코팅한다.

5 왁스가 완전히 굳기 전에 재빠르게 오브제를 올린다. 이때 왁스가 튀거나 많이 밀리지 않도록 조심해서 올린다.

6 헤어드라이어를 이용해 울퉁불퉁해진 표면을 살짝 녹여 평평하게 정리한다. 이때 가장 약한 바람으로 고루 녹이고, 왁스가 튀지 않게 조심한다. 그대로 굳히면 완성.

그러데이션 양초 개선하기

컨테이너 양초를 만들었는데 노력에 비해 결과물이 마음에 들지 않을 수 있다. 이때 초콜릿 몰드를 이용해 표면을 꾸미면 훨씬 멋스러운 양초로 재탄생한다. 애써서 만든 양초를 망쳤다고 무작정 다시 녹여 만들 필요는 없다. 어떻게 하면 최소한의 노력으로 개선할 수 있는지 생각하다 보면 의외의 아이디어로 더 좋은 결과물을 얻을 수 있다. 여기서는 조개 모양 초콜릿 몰드를 이용해 앞서 만들었던 그러데이션 양초를 시원한 바다 양초로 변신시켜보자.

1 그러데이션 양초를 준비한다.

2 여분의 컨테이너용 왁스를 녹여 양초 표면을 살짝 코팅한 뒤 필라용 왁스로 만든 오브제들을 얹는다. 헤어드라이어로 살짝 녹여 마무리한다.

· PART 03 담는 곳에 따라 분위기가 달라지는 컨테이너 양초

3 여름에 잘 어울리는 시원한 비주얼의 바다 양초가 완성됐다.

Make 02
쿠키 커터로 만드는
재미있는 틴케이스 양초

　　　　쿠키 커터는 종류가 여러 가지라 다양한 오브제를 만들 수 있고 구하기도 쉽다. 쿠키 커터로 만든 오브제들을 컨테이너 양초에 어떤 모양으로 올릴지 나름대로 디자인을 해보는 것은 참 즐거운 일이다.

　만약 쿠키 커터 양초를 만들었는데 표면이 매끈하지 않거나 오브제가 너무 튀어나와 있다면 남은 왁스를 녹여 표면에 붓는다. 이 표면 작업을 할 때 주의할 점은 두 가지다. 첫째, 오브제에 하얀 왁스가 묻지 않도록 조심스럽게 붓는다. 만약 오브제에 하얀 왁스가 묻었다면 왁스가 굳기 전에 휴지나 손가락으로 자국이 남지 않도록 살짝 닦아낸다. 둘째, 왁스를 너무 많이 부으면 심지가 왁스에 묻혀 불이 잘 붙지 않으므로 주의한다. 여기서는 동물 모양 쿠키 커터를 이용해 독특하면서도 예쁜 양초를 만들어보도록 한다.

재료 및 도구 :: 쿠키 커터, 종이 포일 혹은 유산지, 필라용 소이 왁스 약 100g(어느 정도 크기로 유산지를 접어 사용할지에 따라 달라짐), 염료 B21 Sunshine Yellow(다른 염료로 대체 가능), 조각칼, 완성한 컨테이너 양초

{ **How** to

1 왁스가 달라붙지 않고 쉽게 떨어지는 종이 포일이나 유산지를 준비해 왁스가 넘치지 않도록 테두리를 접는다.

2 필라용 왁스를 녹여 왁스 온도를 80℃로 맞춘 뒤 두께가 2~3mm 정도 되도록 붓는다.

3 왁스가 굳기 전에 원하는 모양의 쿠키 커터를 올린다.

4 왁스가 완전히 굳으면 종이 포일을 들어올리고 쿠키 커터를 조심히 떼어낸다.

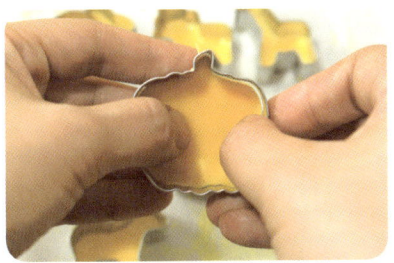

5 쿠키 커터 속에서 굳은 왁스를 부러지지 않도록 살살 밀면서 빼낸다.

6 가장자리의 지저분한 왁스를 조각칼을 이용해 깨끗이 다듬는다.

7 마음에 드는 오브제를 정했으면 컨테이너 양초의 표면을 헤어드라이어로 골고루 녹인 다음 오브제를 올리고 그대로 굳힌다.

Make 03
쿠키 커터로 만드는
특별한 할로윈 양초

　　　　초콜릿 몰드나 쿠키 커터를 이용해서 만든 작은 오브제를 양초 표면에 얹으면 색다르고 예쁜 양초가 탄생한다. 하지만 조금 더 큰 오브제, 컨테이너의 지름보다 조금 작은 정도의 오브제를 만들어 양초의 심지가 오브제를 관통하는 모양으로 만들면 어디에서도 보지 못한 멋진 양초가 된다. 심지가 오브제를 관통하는 양초를 만드는 과정은 아주 섬세하게 진행해야 하는 작업이기 때문에 공을 많이 들여야 한다.

　이번 장에서는 박쥐 모양 쿠키 커터를 이용해 가을 할로윈 양초를 만들어본다. 오일은 가을에 어울리는 무겁고 따뜻한 향이 나는 시더우드에 일랑일랑과 라벤더를 섞어 사용해보자. 박쥐 모양 쿠키 커터를 트리 모양의 쿠키 커터로 바꾸기만 해도 크리스마스용 양초를 만들 수 있다. 쿠키 커터로 만들 수 있는 양초의 종류는 그야말로 무한하다.

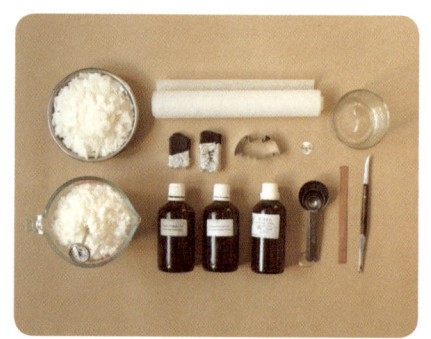

박쥐 모양 오브제를 위한 재료 및 도구 :: 필라용 소이 왁스 약 50g, 염료 B22 Turquoise, B29 Black, 종이 포일(유산지나 트레팔지로 대체 가능), 쿠키 커터 1개, 나무젓가락 1쌍(색깔 왁스용), 자루 스테인리스 비커 1개, 이쑤시개

컨테이너 양초를 위한 재료 및 도구 :: 컨테이너 1개, 컨테이너용 왁스 200g(에코소야 CB Advance 혹은 네이처 왁스), 나무 심지 M 1개, 나무 심지 탭 1개, 에센셜 오일 블렌드 200g×0.07(7%)=14ml(시더우드 : 라벤더 : 일랑일랑=4:2:1 비율), 계량스푼 1세트, 나무젓가락 1쌍(하얀 왁스용), 자루 스테인리스 비커 1개

기본 도구 :: 온도계, 핫플레이트, 신문지 5~6장

How to 박쥐 모양 오브제 만들기

1 왁스가 흘러나가지 않도록 종이 포일을 접어놓는다.

2 필라용 왁스 약 50g을 녹인 다음 염료(B22 Turquoise)를 넣어 색깔을 맞춘다. 아주 진한 청록색이 나오도록 검은색 염료(B29 Black)를 약간 섞고 나무젓가락으로 잘 젓는다. 왁스 온도를 80℃로 맞춘 뒤 준비한 종이 포일에 붓는다. 두께는 6~7mm 정도가 적당하다.

3 왁스 위에 쿠키 커터를 올린다.

• PART 03 담는 곳에 따라 분위기가 달라지는 컨테이너 양초

4 왁스가 굳으면 쿠키 커터를 떼어낸 다음 조심해서 오브제를 빼 주변을 깨끗하게 다듬는다. 오브제를 뒤집어 심지를 꽂을 중심을 확인하고 1cm 정도로 줄을 긋는다.

5 이쑤시개처럼 날카로운 도구를 이용해 그어놓은 줄 부분의 왁스를 파낸다. 이때 힘을 주면 오브제가 부러질 수 있으므로 살살 긁어내야 한다.

6 왁스를 파내다 앞면이 뚫리면 오브제를 뒤집어 앞에서 왁스를 조금씩 깎아내며 심지를 넣을 구멍을 만든다.

How to 컨테이너에 왁스 붓고 오브제 올리기

1 오브제에 심지를 꽂은 다음 심지를 얼마나 남기고 왁스를 채울지 표시한다.

2 컨테이너용 왁스를 녹여 분량의 오일 블렌드를 넣고 잘 섞은 다음 온도를 50~52℃에 맞춰 컵에 표시한 곳까지만 붓는다. 왁스가 어느 정도 굳으면서 불투명해지면 심지를 꽂는다.

3 왁스가 완전히 굳으면 오브제를 심지에 꽂은 다음 남은 왁스를 녹여 오브제 위로 넘치지 않도록 적당한 높이까지 붓는다.

• PART 03 담는 곳에 따라 분위기가 달라지는 컨테이너 양초

4 그대로 굳히면 박쥐 모양으로 멋을 낸 할로윈 양초가 완성된다.

독특한 컨테이너로 만드는 테마별 양초

컨테이너 선택만 잘해도 창의적인 양초를 만들 수 있다. 세상엔 모양과 쓰임새가 다양한 컨테이너가 있기 때문에 선택 과정에서도 충분히 창의력을 발휘할 수 있다. 왁스를 넣은 상태에서 안정적으로 세워지기만 하면 그 어떤 용기도 양초 컨테이너로 사용할 수 있다. 심지어 조개껍데기 같은 자연물도 훌륭한 양초 컨테이너가 된다.

이렇듯 생각을 조금만 달리하면 일반적으로 양초를 만드는 데 사용하지 않는 독특한 컨테이너들이 보이기 시작한다. 양초를 만들기 위한 '컵'에 얽매여 독특한 컨테이너만 찾을 것이 아니라, 어떤 분위기를 내고 싶은지 충분히 생각한 뒤 테마에 맞는 컨테이너를 찾는 것이 좋다.

재활용 병을 활용한 컨테이너 양초

식품을 담았던 병은 뚜껑이 있어 양초 컨테이너로 사용하기에 안성맞춤이다. 게다가 구하기도 쉽다. 그러나 잼이나 올리브를 담았던 병은 식품 특유의 향이 배어 있으므로 깨끗이 닦아 냄새를 없앤 후 사용한다. 또한 이가 나간 유리병이나 컵도 양초 컨테이너로 활용할 수 있지만, 금이 간 유리 제품은 온도가 높아지면 깨질 수 있으므로 사용하지 않는 것이 좋다.

실험실 용기로 만드는 컨테이너 양초

실험용 도구들은 대부분 과학적인 용도만을 위해 쓸데없는 디자인을 모두 배제했기 때문에 더욱 매력적이다. 이러한 실험용 도구들은 인터넷에서 '실험 도구', '비커' 등으로 검색하면 쉽게 구입할 수 있다.

의료용품으로 만드는 컨테이너 양초

양초가 꼭 말랑말랑하고 따뜻한 분위기만 조성하는 것은 아니다. 컨테이너의 종류에 따라 마치 프랑켄슈타인 박사의 실험실에 들어와 있는 듯 공포스러운 분위기를 내기도 한다.

　사진에서 소개하는 컨테이너는 모두 의료용품이다. 사진 왼쪽의 컨테이너는 병원에서 주사기나 기타 의료 도구를 담는 데 사용하는 '농반'으로, 차가운 스테인리스 재질에 독특한 모양을 더해 개성 있는 분위기를 자아낸다. 사진 오른쪽의 컨테이너는 병원에서 솜을 담을 때 쓰는 도구로 유리 컨테이너와 알루미늄 뚜껑으로 구성되어 있다. 두 컨테이너 모두 인터넷에서 '스펀지 캔', '농반'으로 검색하면 쉽게 구입할 수 있다.

기둥을 따라
아름답게
녹아내리는
필라 양초

Intro
필라 양초를 만들기 전에 알아야 할 것들

필라 양초(Pillar Candle)는 말 그대로 기둥(Pillar)처럼 홀로 서 있는 양초를 말한다. 필라 양초를 만들기 위해서는 몰드(Mold)가 꼭 필요한데, 몰드에 왁스를 부어 굳힌 다음 빼내는 과정을 거쳐야 완성되기 때문이다. 필라용 왁스는 컨테이너 왁스보다 훨씬 딱딱하며 녹는점도 높아 손의 온기에는 녹거나 무르지 않는다. 한국에 수입되는 필라용 소이 왁스는 에코소야 제품뿐이다. 에코소야 필라용 소이 왁스의 녹는점은 54.4℃이고, 몰드에 부을 때의 권장 온도는 약 80℃다. 그러므로 컨테이너 왁스와 동일한 과정으로 왁스를 녹이되, 몰드에 부을 때는 권장 온도 80℃를 맞춰야 한다.

필라 양초에도 나무 심지를 사용하기는 하지만 흔하지는 않다. 나무 심지의 권장 사이즈는 컨테이너 양초에 맞춘 것이기 때문에 컨테이너 없이 왁스가 그대로 녹아내리는 필라 양초에는 적합하지 않다. 필라 양초에 꼭 나무 심지를 사용하고 싶다면 양초의 가장 두꺼운 부분을 찾아 너비를 재고 이를 컨테이너 양초에 적용해 나무 심지의 권장 사이즈를 찾는다. 그 후 권장 사이즈보다 두 단계 정도 작은 심지로 테스트해보고 적당한 것을 사용한다. 컨테이너용 사이즈의 나무 심지를 필라 양초에 그대로 사용하면 양초가 굉장히 빨리 타기 때문이다.

또한 필라 양초는 태울 때 왁스가 흘러내리기 때문에 꼭 받침이 필요하다. 작은 접시나 컵 받침이 제격이다.

이 책에서는 필라 양초에 일반적으로 쓰이는 내추럴 왁스용 면 심지를 사용하고 있다. 미리 코팅된 심지를 구매해서 사용해도 되고, 면 심지를 원하는 길이로 잘라 코팅해서 사용해도 좋다.

Make 01
판매용 몰드로 만드는 보티브 양초

보티브 양초(Votive Candle)는 가장 기본적인 형태의 필라 양초다. 보티브(Votive)는 영어로 '봉헌된'이라는 뜻이다. 즉, 종교적인 행사에서 봉헌되는, 기도를 위한 양초라는 의미인데 요즘은 높이 약 5cm, 지름 약 4cm 크기의 작은 양초를 통틀어 보티브 양초라고 한다.

보티브 양초는 크기가 작아서 여러 가지 실험을 해보기 좋다. 특히 컨테이너 양초처럼 웻 스폿이나 유리의 색깔에 영향을 받지 않기 때문에 선명한 색깔을 볼 수 있어 인공 염료뿐 아니라 천연 염료를 사용해 만들어볼 수 있다. 또한 사용하다 남은 자투리 왁스를 모아 처리하기에도 매우 좋다. 이 장에서는 천연 비트가루를 써서 색을 낸 보티브 양초를 만들어본다.

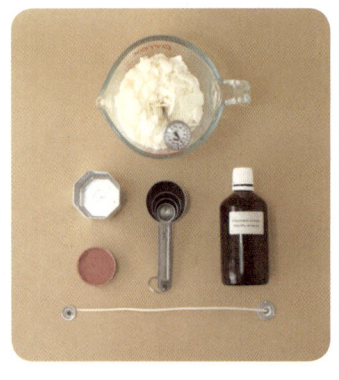

재료 :: 보티브 몰드 1개, 필라용 소이 왁스 70g, 면 심지 내추럴 왁스용 16번 1개, 면 심지용 탭 1개, 비트가루 적당량, 페퍼민트 에센셜 오일(다른 오일로 대체 가능) 70g×0.07(7%)=4.9ml

도구 :: 계량스푼 1세트, 나무젓가락 1쌍, 자루 스테인리스 비커 1개, 온도계, 핫플레이트, 신문지 5~6장

How to

1 심지를 보티브 몰드 높이보다 2~3cm 높게 재단해서 심지 탭에 끼워둔다.

2 나무젓가락이나 심지 고정대를 사용해 보티브 몰드 한가운데에 심지를 세운다.

3 비커에 왁스를 녹인 다음 85℃ 정도로 온도를 맞추고 염료를 넣어 원하는 색을 만든다. 염료 덩어리가 남지 않도록 잘 섞은 다음 왁스의 온도가 80℃가 되면 몰드에 붓는다.

4 왁스가 굳고 열기가 느껴지지 않을 때까지 대략 4~5시간 기다린다.

• PART 04 기둥을 따라 아름답게 녹아내리는 필라 양초

5 필라용 왁스는 계절에 관계 없이 컨테이너용 왁스에 비해 수축이 심하기 때문에 왁스가 굳으면 구멍이 뚫리거나 심지 주변이 갈라진다. 구멍이 없더라도 표면을 파내고 남은 왁스를 녹여 부어준다.

6 왁스가 굳으면 몰드를 손으로 살짝 친 다음 흔들어본다. 달그락 소리가 나면 왁스가 몰드에서 완전히 떨어진 것이므로 심지를 조심스럽게 잡아당겨 왁스를 빼낸다.

· 소이캔들 만들기 ·

**다양한 몰드로
만드는
필라 양초**

　　　　　시중에서 판매하는 몰드의 종류는 여러 가지다. 원통형 몰드, 정사각형 몰드, 꽃 모양이나 하트 모양 몰드, 원뿔형이나 다각형 몰드 등도 있다. 이러한 제품들은 실리콘이 아닌 플라스틱이나 양철처럼 얇은 재질로 정교하게 제작되어 양초의 표면이 빨리 굳는다. 따라서 양초 모양이 굉장히 깨끗하게 나와 추가 작업을 할 필요가 없다는 장점이 있다.

　기존 몰드를 이용해서 양초를 만드는 방법은 보티브 몰드와 동일하므로 마음에 드는 몰드를 골라 사용하면 된다. 다만 몰드를 고를 때 단순한 모양을 선택한다. 예를 들어 꽃 모양이나 하트 모양보다는 원통형이 좋다. 원통형이 심심하다면 차라리 다각형 몰드나 원뿔형 몰드를 고르는 것이 낫다. 여러 가지 색에 두루 어울리는 모양의 몰드를 골라 질리지 않고 오래 사용하는 것이 현명한 소비 아닐까?

　굳이 몰드를 사지 않고 집에 있는 용기를 사용해도 상관없다. 표면에 물방울무늬가 있는 컵을 활용해도 재미있는 모양을 낼 수 있다. 어떤 용기를 사용해도 괜찮지만 밑바닥보다 입구가 더 넓은 형태를 선택해야 왁스가 굳은 뒤 쉽게 빼낼 수 있다.

　만드는 과정은 보티브 양초 만들기와 동일하다. 완성된 왁스가 용기에서 빠지지 않으면 냉장고에 잠시 넣었다가 사방을 손으로 탁탁 쳐서 빼낸다. 냉장고에 넣을 때는 반드시 왁스가 딱딱하게 굳은 상태여야 한다. 열기가 남아 있는 왁스는 온도가 갑자기 낮아지면 갈라질 수 있기 때문이다.

Make 02
원하는 오브제를
양초로 만들어주는 나만의 몰드

시중에서 판매하는 몰드도 다양하지만 좀 더 색다른 양초를 만들고 싶다면 직접 몰드를 떠서 사용한다. 몰드를 뜰 때 가장 손쉽게 구할 수 있고 널리 사용되는 재료는 실리콘이다.

기존 오브제로 실리콘 몰드 만들기

이 책 전반에 걸쳐 '오브제'라는 단어가 나오는데, 오브제는 사실 미술 용어다. 예술과는 무관한, 일상생활에서 쓰이는 물건이나 자연물 등을 작품에 사용하는 것을 뜻한다. 예를 들어 마르셀 뒤샹의 악명 높은 작품 '샘'에서는 남성용 변기를 거꾸로 뒤집어 전시했는데, 변기가 바로 '오브제'다. 하지만 이 책에서는 어떠한 물체 자체를 가리켜 '오브제'라는 단어를 사용하도록 한다.

내가 만든 첫 초는 쉽게 만들 수 있는 컨테이너 양초가 아니라 파라핀으로 만든 오리 모양 초였다. 흔히 러버덕(Rubber Duck)이라고 말하는 노란 고무 오리를 실리콘 몰드로 떠서 양초로 만든 것이다. 사실 처음에는 양초보다는 피규어에 관심이 더 많았다. 그러나 피규어를 만들 때 주로 사용하는 여러 화학 재료가 부담스럽고 독해 조금 더 쉬운 재료를 찾다 보니 파라핀으로 눈을 돌리게 되었다.

불을 붙이면 녹아내리는 양초의 성질이 모양이 예쁜 오브제와 만나면 어떤 장면을 연출하는지도 궁금했다. 이렇듯 '양초를 만들겠다'로 시작하는 것이 아니라 '예쁜 피규어를 만들어보겠다'는 다른 출발점을 가지면 시야가 넓어져 색다른 양초를 만들어낼 수 있다.

오브제를 고를 때 유념해야 할 점들이 있다. 먼저 특정 캐릭터는 쉽게 질린다는 점이다. 너무 복잡한 형태도 곤란하다. 오브제를 관통하는 구멍이 있는 형태는 난이도가 높아 실리콘 몰드 뜨기도, 몰드에서 굳은 왁스를 꺼내기도 굉장히 어렵다. 실리콘으로 뜰 수 있는 것은 무궁무진하다. 어느 정도의 볼륨만 있으면 된다. 볼륨이 없을 경우 유토를 이용해 볼륨을 더할 수도 있다. 또한 러버덕 같은 인공물은 물론 자연물도 훌륭한 오브제가 될 수 있다.

　조개껍데기, 나뭇잎, 형태가 아름다운 돌과 같이 주변에 있는 그 무엇이든 오브제가 될 수 있으므로 마음을 열고 재미있는 형태를 찾아보자. 단, 시중에서 파는 오브제로 모양을 떠서 만든 양초는 반드시 개인적인 용도로만 사용하고 상업적인 용도로는 사용하지 않는다.

　마음에 드는 오브제를 골랐으면 오브제 모양의 양초를 만드는 틀, 실리콘 몰드 뜨기를 할 차례다. 실리콘 몰드 뜨기에 앞서 오브제를 단단히 고정시키는 과정은 다소 지루할 수 있지만 가장 중요한 단계라는 것을 명심하자. 오브제가 잘 고정이 안 돼 실리콘 몰드를 뜨는 과정에서 밑판과 분리되면 그 몰드는 사용할 수 없게 되어 비싼 실리콘을 낭비하는 꼴이 된다. 기초공사를 잘해야 건물이 튼튼하듯 기초 준비를 잘해야 깨끗한 몰드를 뜰 수 있다. 여기서는 도자 재질의 오브제(신지섭 작가의 작품)로 실리콘 몰드 뜨는 법을 소개하겠다.

How to 오브제 준비하기

재료 및 도구 :: 오브제, 유토, 헤라(유토를 다듬을 수 있는 도구)

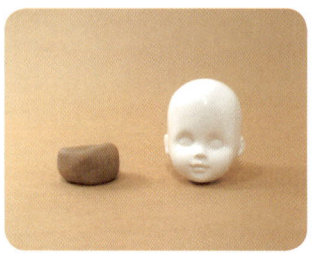

1 오브제에 갈라진 틈이 있으면 실리콘이 새어 들어가므로 모든 틈을 유토로 꼼꼼히 막는다.

2 이 오브제는 아래에만 커다랗게 구멍이 뚫려 있다. 구멍을 유토로 완전히 막는다.

3 유토로 오브제의 구멍을 막은 후 이음선을 깨끗하게 마무리한다.

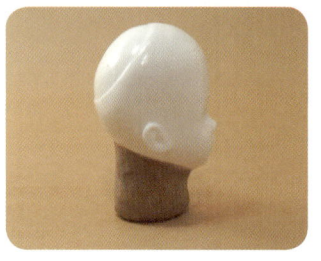

4 오브제가 깨끗할수록 실리콘 몰드가 깔끔하다. 정리가 끝나면 유토가 오브제에 단단히 붙었는지 확인한다.

How to 실리콘 몰드 뜨기 전 기초공사

• PART 04 기둥을 따라 아름답게 녹아내리는 필라 양초

실리콘 몰드를 뜨기 전에는 오브제를 단단히 고정시키고 실리콘을 부을 수 있는 틀을 간단하게 만들어 오브제에 둘러줘야 한다.

재료 및 도구 :: 오브제, 유토, 헤라, 두꺼운 종이, 청 테이프

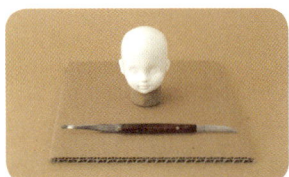

1 두꺼운 종이를 밑판으로 깔고 유토를 이용해 오브제를 단단하게 고정한다. 오브제를 들어보아 유토가 갈라지지 않고 밑판이 잘 들리면 단단하게 고정된 것이다. 유토는 깔끔하게 정리한다.

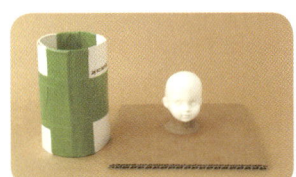

2 오브제에 사방 1~1.5cm 정도의 공간을 남기고 종이를 두른 후, 청 테이프를 붙여 원통형 종이 틀을 완성한다.

3 오브제가 가운데로 오도록 원통형 종이 틀의 위치를 잡고 테이프로 대강 고정한다.

4 밑판과 종이 틀 사이를 유토로 꼼꼼하게 막아 고정한다. 종이 틀 둘레에 유토를 쌓아올려 종이 틀을 보강할 수도 있다.

5 종이 틀 속에 실리콘을 부었을 때 오브제 속으로 흘러 들어가거나 종이 틀 밖으로 새어 나오지 않도록 오브제가 잘 고정되었는지, 틈이 없는지 전체적으로 확인한다. 틀을 위로 들어올려 밑판이 안정적으로 함께 들리는지 살펴본다.

How to 실리콘 몰드 뜨기

실리콘은 1kg 단위로 경화제와 함께 판매한다. 가장 구하기 쉽고 다루기도 쉬운 실리콘은 '신에츠 1402'다. 경화제는 진한 벽돌색으로 하얀 실리콘에 섞으면 분홍색이 된다. 처음부터 많은 양의 실리콘을 붓지 않고 기초공사를 끝낸 오브제의 높이에 2/3 정도만 채운다는 생각으로 실리콘을 덜어낸다. 모자라면 실리콘을 더 부어 경화제와 섞으면 되지만, 일단 경화제를 섞은 실리콘은 굳어버리기 때문에 사용할 수 없다.

재료 및 도구 :: 실리콘 신에츠 1402, 경화제, 기초공사를 끝낸 오브제, 라텍스 장갑(혹은 비닐장갑), 플라스틱 그릇, 실리콘 주걱, 긴 이쑤시개

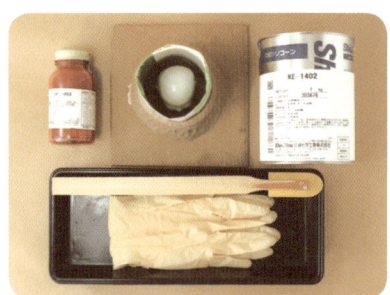

1 장갑을 끼고 플라스틱 그릇에 필요한 양의 실리콘을 던다.

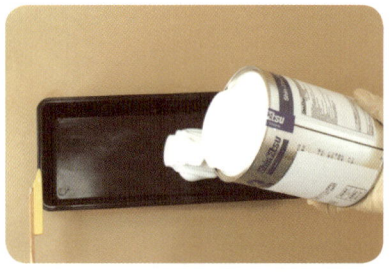

2 실리콘 1kg과 함께 판매하는 경화제의 양은 100g이다. 실리콘과 경화제를 10 : 1 비율로 섞는다.

• PART 04 기둥을 따라 아름답게 녹아내리는 필라 양초

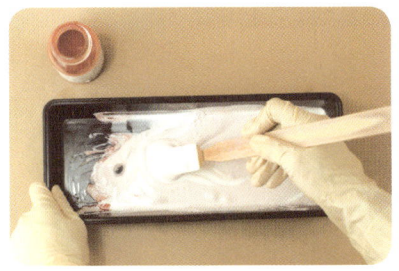

3 고른 핑크색이 되도록 경화제를 잘 섞는다. 흰색이 남아 있거나 진한 주황색이 보이면 안 된다.

4 실리콘을 고루 섞은 후 그릇을 내려놓고 잠시 기다리면 표면으로 기포가 올라온다. 이 기포를 잘 빼줘야 실리콘 틀이 잘 떠진다. 실리콘 안에 갇힌 기포가 빠질 수 있도록 그릇의 밑바닥을 손으로 강하게 탕탕 친다.

5 30~40분 동안 10분 간격으로 실리콘을 확인하면서 바닥을 쳐 표면으로 올라온 기포를 이쑤시개로 터뜨린다.

6 실리콘 표면에 더 이상 기포가 올라오지 않으면 주걱으로 퍼서 오브제 위로 살살 흘려준다. 실리콘을 한꺼번에 부으면 오브제가 움직여서 밑판에서 떨어질 수 있으므로 조금씩 넣으며 밑판에 실리콘이 깔리게 한다.

소이캔들 만들기 •

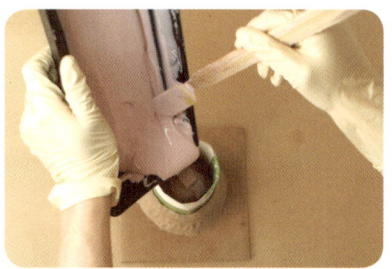

7 실리콘을 붓고 10분 정도 기다렸다가 기포를 어느 정도 제거한 다음 다시 붓는 과정을 서너 번 반복하는 것도 공기 방울을 줄이는 방법이다.

8 실리콘을 모두 부은 다음, 오브제 중앙을 이쑤시개로 찔러 보아 실리콘 두께가 적당한지 확인한다. 실리콘이 묻은 만큼이 틀의 두께인데 오브제보다 1~2cm 정도 올라오는 게 좋다.

9 실리콘은 온도의 영향을 받기 때문에 여름에는 조금 더 빨리, 겨울에는 천천히 경화된다. 완전히 굳기까지 대략 하루 정도 기다린다.

TIP
실리콘을 섞은 그릇은 억지로 닦아내려 하지 말고 주걱을 그대로 넣어 실리콘이 굳을 때까지 기다린다. 나중에 주걱을 들면 실리콘이 한꺼번에 떨어진다.

How to 실리콘 몰드 가르고 오브제 꺼내기

• PART 04 기둥을 따라 아름답게 녹아내리는 필라 양초

실리콘 몰드가 굳으면 가장 신나고 긴장되는 순간이 찾아온다. 바로 몰드를 가르고 오브제를 꺼내야 할 때다. 천천히, 조심조심 오브제를 꺼내야 성공적으로 몰드를 완성할 수 있다. 성급하게 몰드에서 오브제를 꺼내다가 틈이라도 생기면 시간을 들여 완성한 실리콘 몰드를 다시 만들어야 하는 불상사가 일어날 수도 있다. 반드시 차근차근 시도해야 후회가 없다.

1 종이 틀 주변의 유토를 조심스럽게 제거한다.

2 밑판과 몰드를 분리하고, 오브제 밑에 붙여두었던 유토를 제거한다.

3 실리콘 몰드에 흠이 가지 않도록 종이 틀을 벗겨낸다.

소이캔들 만들기 •

4 지저분하게 삐져나온 실리콘은 가위로 깨끗하게 정리한다.

5 오브제의 앞뒤가 어딘지 확인한 후 양옆을 칼로 살짝 자른다. 몰드를 한꺼번에 반으로 자르려 하지 말고 오브제를 꺼낼 수 있을 만큼 조금씩만 가른다.

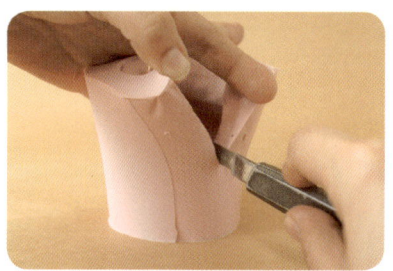

6 갈라진 몰드에서 오브제를 꺼낸 후, 손으로 실리콘을 벌리면서 칼을 살짝 대면 실리콘이 쭉쭉 갈라진다.

7 실리콘 몰드를 완전히 자르지 않고 사진처럼 붙어 있게 만들어도 좋다. 완성된 몰드는 하루나 이틀 정도 잘 말려 실리콘 냄새를 뺀다.

How to 실리콘 몰드에 왁스 붓기

• PART 04 기둥을 따라 아름답게 녹아내리는 필라 양초

아무리 잘 말려도 실리콘 냄새는 여전히 남는다. 그래서 두세 번째 뜨는 양초까지는 테스트용이라고 봐야 한다. 향료나 염료를 넣지 않고 소이 왁스와 심지만 넣어서 양초를 만들어보고, 왁스의 양이 얼마나 들어가는지, 심지는 어느 위치에 맞추고 어떤 두께의 심지를 써야 하는지 감을 잡는다. 동시에 실리콘 냄새를 조금 더 빼는 과정으로 생각하고 만든다.

필라 양초는 계절과 관계 없이 대부분 수축이 일어나 심지 주변이 비어 있다. 더욱이 필라용 왁스는 컨테이너용 왁스보다 높은 온도에서 붓기 때문에 수축의 정도가 더 크다. 실리콘 몰드에 왁스를 부었을 때도 마찬가지다. 몰드에 부은 왁스가 굳으면 수축하면서 구멍이 뚫리는데 이 부분에 왁스를 부어줘야 한다. 혹은 표면이 어느 정도 굳었을 때 심지 주변에 미리 구멍을 내도 된다. 이렇게 하면 구멍 주위로 수축이 일어나므로 나중에 여기에 왁스를 녹여 부으면 된다.

재료 및 도구 :: 필라용 소이 왁스 80g, 내추럴 왁스용 면 심지 1개, 고무줄 3개, 나무젓가락 3쌍, 플라스틱 그릇 1개

1 실리콘 몰드를 벌려 중앙에 심지를 끼우고 몰드를 포개어 고무줄로 고정한다. 플라스틱 그릇 위에 사진과 같이 나무젓가락 2쌍을 각각 평행하게 놓고 그 위에 몰드를 얹는다.

2 심지를 끼운 곳에 갈라진 틈이 보일 것이다. 왁스를 몰드에 부었을 때 이 틈으로 왁스가 흘러내리지 않도록 막아줘야 한다.

소이캔들 만들기 •

3 필라용 소이 왁스를 녹여 나무젓가락으로 조금씩 떠서 구멍을 완벽하게 막는다.

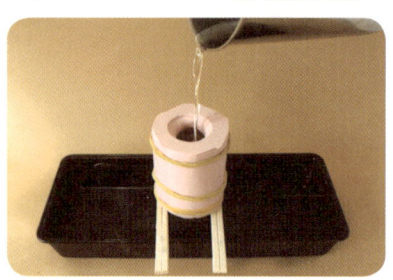

4 왁스 온도를 80℃ 정도로 맞추고 실리콘 몰드를 뒤집어 바닥에 난 구멍으로 녹인 왁스를 붓는다.

5 나무젓가락으로 심지가 몰드 중앙에 반듯하게 설 수 있게 고정한다.

6 왁스가 굳으면 수축으로 인해 뚫린 구멍이 나타나는데, 이곳에 추가로 왁스를 부어준다. 구멍이 없으면 표면을 파서 수축된 곳을 찾아 왁스를 부어야 한다. 사진은 자연스럽게 생긴 수축 구멍이다.

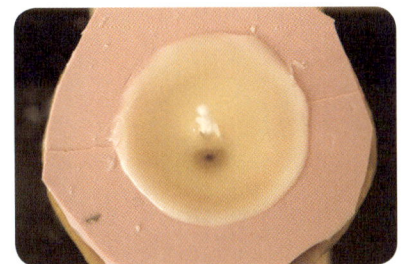

7 왁스를 더 부어준 모습. 왁스가 단단히 굳을 때까지 하루 정도 기다린다. 표면이 굳었다고 왁스를 꺼내려고 하면 양초가 뭉개질 수 있다.

TIP
작은 오브제는 수축 구멍에 왁스를 부으면서 표면까지 꽉 채우면 더 이상 수축이 일어나지 않는다. 하지만 길고 커다란 오브제일수록 수축이 많이 일어나므로 구멍에 맞게 왁스를 부은 다음 완전히 굳으면 표면 처리를 해야 한다. 위로 삐죽 튀어나온 심지는 이 과정을 진행하기 전에 잘라도 된다.
이 책의 몰드 만들기에 사용한 아기 얼굴 오브제는 눈, 코, 입 등의 형태가 세밀하다. 이런 형태의 오브제로 몰드를 만들었다면 몰드의 구석구석에 왁스가 잘 채워지도록 왁스의 온도를 높여야 한다. 왁스의 온도가 낮으면 왁스가 몰드의 세밀한 부분에 도달하기도 전에 굳을 수 있으므로 비교적 높은 온도인 80℃로 맞추어 붓는다. 그러나 간단한 형태의 오브제로 뜬 몰드에는 왁스의 온도를 68~70℃ 정도로 맞추어 사용하면 된다.

How to 필라 양초 꺼내기

1 왁스가 완전히 굳었는지 확인한다.

2 심지 구멍을 막은 왁스와 몰드를 고정한 고무줄을 제거한다.

3 실리콘 몰드 옆쪽을 천천히 살짝 벌리면 양초가 몰드에서 떨어지며 쩍 소리가 난다.

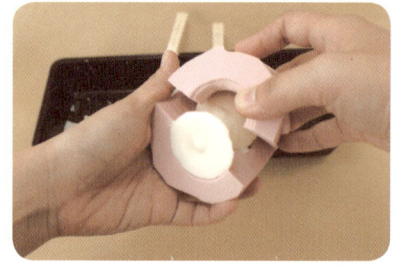

4 몰드를 위아래로 벌려 양초가 틀에서 완전히 떨어지게 한다.

• PART 04 기둥을 따라 아름답게 녹아내리는 필라 양초

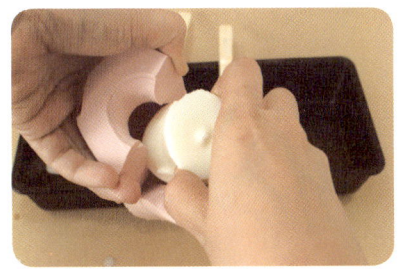

5 양초의 튀어나온 부분이 어딘지 생각하며 몰드에 걸려 부러지지 않도록 살살 꺼낸다.

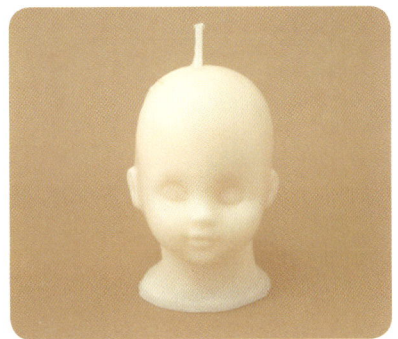

6 길고 긴 과정을 거쳐 '내가 만든 실리콘 몰드'로 양초 완성.

나만의 오브제 만들기

자신이 상상한 모양의 양초를 만들기 위해서 오브제 만들기는 필수다. 처음부터 끝까지 자신이 결정하고, 자기 손으로 직접 양초를 만드는 짜릿함을 경험할 차례다. 원본 오브제를 만드는 데는 딱히 정해진 방법이 없다. 그저 자신이 편한 방법으로 일을 진행하면 되니 가능성은 무궁무진하다. 여기서 중요한 점은 손을 계속 움직이는 것이다. 관찰해서 그려보고 그것을 다시 입체로 만들어보자. 자신의 창의력과 상상력을 마음껏 발휘할 수 있는 과정을 즐기다 보면 어느새 나만의 오브제가 탄생한다.

원본 오브제를 만들 수 있는 재료들

유토 : 유토는 단어 그대로 '기름 흙'이다. 디테일 없이 덩어리로 이루어진 형태의 오브제를 만들고자 한다면 유토도 괜찮다. 구하기 쉽고 부드러워 다루기도 어렵지 않다. 하지만 유토는 굳지 않기 때문에 실리콘 몰드를 뜨고 나면 원본을 보존할 수 없다. 또한 기온이 높은 여름에는 유토가 굉장히 물러지기 때문에 작업이 힘들 수 있다.

스컬피 : 작은 피규어처럼 세밀한 작업을 할 때 많이 쓰이는 찰흙의 일종이다. 스컬피는 여러 가지 종류가 있는데, 베이지색 슈퍼스컬피가 사용하기 가장 무난하다. 스컬피는 처음에는 단단하

지만 손으로 계속 반죽하면 물러진다. 또한 뜨거운 물에 담가놓거나 오븐에 구우면 플라스틱처럼 딱딱하게 굳는다. 스컬피는 굳은 오브제 위에 추가 작업을 할 수 있어 세밀한 작업을 하기 좋다. 크기가 큰 스컬피 오브제를 뜨거운 물에 담가 굳힐 경우에는 오브제가 모두 물에 잠겨야 한다. 그렇지 않으면 온도 차이로 인해 오브제가 갈라진다. 이 오브제로 실리콘 몰드를 뜨려면 갈라진 틈을 꼼꼼히 메워야 하는데 여간 성가신 일이 아닐 수 없다. 처음부터 깔끔한 오브제를 만드는 것이 성공적으로 실리콘 몰드를 뜰 수 있는 방법이다. 스컬피를 굳힐 때는 음식을 만드는 오븐이 아닌 스컬피용 오븐을 따로 사용하는 것이 좋다.

오브제 만들기 전 주의할 점

1. 오브제를 어떻게 세울지를 먼저 결정해야 한다. 부엉이 양초처럼 통짜 형태면 별 고민 없이 만들어도 되지만, 곰 양초의 경우 이야기가 달라진다. 두 발로만 서게 만들지 혹은 받침대를 따로 두어 그 위에 올라선 모습으로 만들지를 반드시 생각해둬야 한다.

2. 오브제를 만들면서 몰드에서 왁스를 꺼낼 때 너무 얇아 부러질 만한 곳은 없는지 신경 써야 한다. 가늘고 긴 형태는 비교적 강도가 약한 왁스에는 맞지 않는다. 십중팔구 부러져 나오기 쉽다. 모든 디테일 요소는 커다란 덩어리에 가까이 붙어 있어야 한다.

3. 오브제 모양의 실리콘 몰드를 뜬 후 몰드에 왁스를 부었을 때를 생각하며 왁스가 들어가지 못하는 곳은 없을지 전체적으로 체크해야 한다. 요철이 심하면 왁스가 들어가지 못하므로 유토로 오브제를 최대한 매끈하게 만든다. 이 작업을 하지 않으면 틈 사이로 왁스가 들어가지 못하거나 왁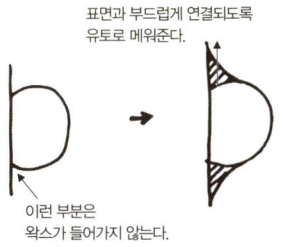
스가 채워져도 몰드에서 꺼내는 도중 세밀한 부분이 모두 깨져 나올 수 있다.

Make 03
새로운 형태의 컨테이너 + 필라 양초

사진의 크리처 양초는 컨테이너 양초와 필라 양초를 결합해 만든 형태이다. 공식적인 이름은 아니지만, 딱히 정해진 명칭이 없고 이러한 형태의 양초는 흔하지 않아 '컨테이너+필라 양초'라고 부르도록 한다. 컨테이너 양초 위에 장식물을 얹는 데서 한발 더 나아가 양초 표면에 이야기가 담긴 특별한 양초를 만들어보자.

크리처 초의 탄생

양초의 밋밋한 표면은 참으로 많은 상상을 불러일으킨다. 무엇을 얹어볼까? 무얼 꽂아볼까? 더 할 수 있는 것은 없을까? 이러한 쓸데없는 상상을 하다 만든 것이 바로 '늪지대의 괴생물체' 크리처 초(The Creatures of the Swamp)다.

왼쪽의 그림은 학창 시절에 만든 판화다. 수면 위로 작은 머리와 꼬리가 나와 있지만, 수면 아래에는 무엇이 있는지 알 수 없다. 저 작은 머리와 꼬리 아래 엄청나게 커다란 몸이 있는지, 혹은 괴상한 생물들이 우글거리고 있는지 알 수 없다. 어느 날 이 그림을 다시 보니 마치 양초처럼 느껴졌다. 속이 보이지 않는

소이캔들 만들기 •

양초와 그 반질반질하고 고요한 표면이라니. 그래서 그림 속의 알 수 없는 생물들을 만들어 양초 위에 얹어보기로 했다. 알 수 없는 생물들이 인적 드문 어딘가, 끈적거리고 쥐 죽은 듯 고요한 늪지대에 살고 있을 것이라는 상상의 나래를 펴면서 말이다.

 이런저런 생각을 하며 그들이 살 법한 곳을 그려보았다. 저 이상한 생명체들이 이런 으스스한 곳에서 고개를 쏙 내밀며 텅 빈 눈으로 쳐다보고 있지는 않을까? 하지만 심지에 불을 붙이는 순간 이 크리처들은 줄줄 녹아내리며 뜨거워진 늪 속으로 서서히 사라진다. 당신을 감지하고 늪 속으로 사라져버리는 것이다.
 예뻐서, 너무 아까워서 이 크리처들을 태워 녹이지 않는다면 이 이야기는 미완으로 남는다.

크리처들은 그대로 굳어 있을 뿐이다. 과감하게 불을 붙여야만 비로소 이야기가 완성된다. 크리처들은 장식물로만 남지 않고 양초의 기능과 맞아떨어지면서 그 어디에도 없는 그들만의 이야기를 들려주는 퍼포먼스 양초가 된다.

이 지점이 앞서 만든 장식물을 얹은 양초와 다르다. 사실 양초 위에는 무엇이든 얹을 수 있다. 하트 모양이든 고양이 모양이든, 무엇이든 표면에 얹으면 귀엽거나 독특하게 보일 것이다. 하지만 여기서 끝이라면 그것은 장식품 이상의 기능을 할 수 없다. 불을 붙이면 녹아내리면서 끝나는 그냥 '귀여운 양초'밖에 안 된다.

양초의 기능을 생각해 거기에 어떤 것을 더할 때는 무슨 이야기를 만들어낼 수 있는지 상상력을 발휘해보자. '왜 그것을 더했냐'는 질문에 답할 수 있는 이야기를 재미있게 만들어보는 것이다. 유치해도 상관없다. 이러저러한 상상과 드로잉을 하는 사이, 이야기는 더욱 재미있고 단단해진다.

이러한 과정을 거치면 훨씬 더 흥미롭고 독특한 양초가 태어날 것이다. 모든 창작은 '이야기'에서 시작되고 '이야기'로 완성된다.

입체감이 살아 있는 컨테이너+필라 양초 만들기

컨테이너+필라 양초를 만드는 방법은 컨테이너 양초의 표면 꾸미기 과정과 똑같다. 장식물의 형태가 양각이 아닌 더욱 적극적인 3D 모양이라는 점만 다를 뿐이다. 다음은 크리처 초를 만드는 순서다. 이 방법을 응용해 자신만의 이야기를 담은 독특한 양초를 만들어보자.

How to

1 양초 표면 위에 얹을 필라용 왁스로 만든 오브제와 컨테이너 양초를 준비한다.

2 헤어드라이어를 이용해 양초 표면을 살짝 녹인다.

3 왁스 오브제를 원하는 자리에 붙인다. 표면을 조금 녹였기 때문에 오브제에 살짝 힘을 가해 누르면 잘 붙는다.

4 여분의 왁스를 녹여 양초 표면 위에 살살 붓고 굳힌다.

• PART 04 기둥을 따라 아름답게 녹아내리는 필라 양초

다양한
이야기를 품은
컨테이너+필라 양초

마음에 드는 컨테이너를 골라 양초를 만들고 이에 어울리는 필라 양초를 표면 위에 얹으면 독특한 이야기를 품은 컨테이너+필라 양초가 탄생한다. 컨테이너의 형태와 표면에 얹혀지는 필라 양초의 조화를 생각하며 다양한 컨테이너+필라 양초를 만들 수 있다.

PART
05

양초, 더 흥미롭게 만들기

1:
양초에 개성을 더하는
라벨&포장

자신만의 개성을 살려 양초를 만들면 독특한 것은 물론 의미까지 더할 수 있다. 양초에 개성을 불어넣을 수 있는 요소는 세 가지다. 컨테이너의 모양, 독특한 조향, 포장이 바로 그것이다. 대량생산을 하는 곳이라면 자신들만의 시그니처 용기를 디자인할 수 있지만, 개인이 독특한 컨테이너를 찾는 데는 한계가 있다. 요즘은 물건이 다양해 그중에서 잘 고르기만 해도 창작이 될 수 있다지만, 그렇다 하더라도 컨테이너는 기성품일 뿐이다. 조향도 마찬가지다. 조향 전문가가 아닌 이상 매력적이면서 창의적인 향을 뽑아내기란 여간 어려운 일이 아니다. 개성을 살릴 수 있는 세 가지 요소 중 가장 쉬운 것이 포장, 그중에서도 라벨이다. 라벨을 통해 만든 사람이 그 양초에 어떤 이야기를 담고자 했는지, 특징은 무엇인지 알릴 수 있다. 간단히 말해 양초에 아이덴티티를 부여하는 것이다.

라벨 구상, 어디서부터 시작해야 할까?

다음에 나오는 세 가지 라벨은 필자가 현재 라벤더, 민트, 일랑일랑 향의 양초에 각각 사용하고

있는 라벨이다. 세 가지 모두 향의 특징에 초점을 맞춰서 간단한 연상을 통해 그렸다.

　라벤더를 물고 있는 까마귀 그림은 라벤더 양초용 라벨이다. 허브 중 가장 널리 쓰이는 보라색 꽃 라벤더는 몸과 마음을 안정시키는 효과가 있어 침실에 두면 숙면에 도움을 준다. 요즘은 요리에도 허브를 많이 사용하지만, 예로부터 내려오는 민간요법에서 약처럼 쓰이기도 했다. 민간요법에서 연상된 또 다른 단어는 마녀. 마녀가 악마를 숭배한다는 이유로 핍박을 받고 화형을 당했다는 설이 있지만, 원래 마녀는 허브를 이용해 사람들을 치료한 아주 현명한 여자였다는 이야기도 있다. 이러한 마녀의 이미지와 현명하다는 단어에서 연상된 동물은 까마귀였다. 까마귀는 머리가 굉장히 좋은 동물이다. 우리나라에서는 흉조로 여기지만 이웃 나라 일본에서는 길조로 대접받고 있다는 이중성도 마녀와 잘 어울리는 듯하여 라벤더 양초의 라벨은 까마귀를 사용했다.
　민트 라벨에 등장하는 그림 속 물고기는 청어다. 민트 향은 코가 뻥 뚫릴 만큼 시원하고 청량하다. 피부에 바르면 시원한 느낌이 나고 후각뿐만 아니라 촉각에도 작용하는 청량감이 민트의 특징이다. 이렇게 머리가 저릿할 정도의 청량감에서 연상된 이미지는 추운 지방, 그중에서도 육지가 아닌 극지방의 바닷물 같은 시원함이었다. 그래서 극지방의 바다에 사는 생물을 찾던 중 만난 것이 청어였다. 핀란드 지방에서는 청어를 많이 먹는다는데 청어의 비릿한 냄새를 상쾌한 민트가 상쇄시켜줄 것 같았다. 이러한 연상 작용으로 민트라는 식물에 뜬금없이 청어라는 생선의 라벨을 붙이게 된 것이다.

  일랑일랑은 라벤더처럼 편안하거나 민트처럼 직설적인 향이 아니라 좀 더 복잡하고 미묘한 향이다. 일반적으로 허브나 에센셜 오일을 떠올리면 머리를 맑게 하고 심신을 안정시키는 효과를 생각하는 것에 반해 일랑일랑 향은 아주 섹시하고 매혹적이며 약간은 퇴폐적이기까지 하다. 실제로 일랑일랑 향은 최음 효과가 있어 동남아시아에서는 신혼부부 방에 일랑일랑의 꽃을 두기도 한다. 일랑일랑 향에서 느껴지는 섹시, 매혹, 퇴폐 등의 단어에서 연상되는 동물은 뱀이었다. 기독교 문화에서 뱀은 원죄를 상징하며 인간을 타락시킨 동물로 묘사되고 있고, 일상에선 치명적인 매력을 가진 여성을 '뱀 같은 여자', '꽃뱀'으로 부르기도 한다. 부정적인 이미지를 지니고 있는 뱀이지만 동서양에서 매혹적인 동물로 인식되고 있다는 점에서 일랑일랑 향의 양초 라벨로 선택했다.

  이처럼 향에 주목해 라벨을 구상할 수도 있고, 크리처 초처럼 양초의 형태에 주목해볼 수도 있다. 크리처 초의 라벨은 양초 위의 괴생물체들이 살 법한 풍경을 그린 것으로, 양초에 담긴 이야기를 더욱 풍성하게 해준다.

  그림 그리기에 자신이 없다면 특별한 드로잉 기술 없이 포토샵으로 쉽게 라벨을 만드는 방법도 있다. 쿠키 커터를 이용해 만든 할로윈 양초는 콘셉트가 명확하기 때문에 여기에 맞춰 라벨을 만들었다. 간단하게 박쥐를 그려 라벨의 네 귀퉁이를 장식하고, 할로윈 분위기에 맞게 글자 색을 주황색으로 정했다. 'Halloween Edition'이나 'Halloween Candle'이라는 글자를 넣고 'by 누구'라고 이름을 새겨도 좋다. 양초의 향에 대한 간단한 정보를 추가할 수도 있다.

  라벨을 만들 때는 양초의 향이든 형태든 어떤 포인트에서 구상을 시작할 것인가 하는 점이 중요하다. 시작점을 정

했다면 그 다음은 마음껏 상상의 나래를 펼치면 된다. 생각이 이상한 방향으로 흘러갈수록 재미있는 라벨이 탄생한다. 유명 라벨의 디자인이 고급스럽고 좋아 보인다고 무작정 따라할 것이 아니라, 조금 서툴고 촌스럽더라도 자신의 개성을 드러낼 수 있는 라벨을 만들도록 하자. 이것이 훨씬 재미있고 멋진 일이다.

아이디어를 드로잉으로 라벨 만들기

곰 양초를 위한 라벨에는 곰이 좋아하는 연어가 등장한다. 곰 모양 양초에 곰 라벨까지 달면 이미지가 반복되어 지루해 보이기 때문이다. 약간의 유머를 더해 곰에게 한입 먹혀 울고 있는 연어를 표현하니 더욱 개성 있는 라벨이 되었다.

라벨을 만들 때는 먼저 대강의 스케치를 해보는 것이 좋다. 처음부터 깨끗하게 그리려고 무리하지 말고 여러 번의 스케치를 거쳐 상상한 것과 최대한 비슷하게 그리도록 한다. 그 다음에는 정교하게 그림을 그린다. 포토샵 기술이 뛰어나지 않다면 최대한 그림을 깨끗하고 세밀하게 그

려 후반 작업을 최소화한다. 그 후 포토샵 프로그램을 이용해 이미지를 보정하고 필요한 정보와 글자를 넣는다.

출력소에서 라벨 프린트하기

정성 들여 라벨을 디자인했다면 이제 라벨을 프린트할 차례다. 가정용 프린터는 두꺼운 종이를 이용하는 데 한계가 있을 뿐 아니라 정교한 색감을 내기가 어렵다. 인쇄소를 이용하자니 최소 수량이 몇백 장이라 엄두도 내지 못한다. 하지만 걱정하지 말자. 우리에게는 출력소가 있다.

대표적인 출력소는 킨코스(Kinkos)다. 킨코스는 소량으로 프린트하기 아주 좋은 곳이다. 단 한 장을 출력해도 눈치 주는 사람도 없고, 종이의 종류도 꽤 다양하다. 종이 샘플이 비치되어 있으므로 확인해 보고 마음에 드는 종이를 고르면 된다. 종이에 쓰인 150g, 200g 등의 숫자는 종이의 두께를 뜻한다. 숫자가 높을수록 종이가 두껍다는 뜻이다.

컬러 전용지 두께와 상관없이 장당 대략 1500원이다. 특수지는 가격이 좀 더 비싸므로 종류를 잘 살펴보고 정한다. 같은 이미지라고 해도 종이의 종류에 따라 느낌이 많이 다르기 때문에 여러 장을 프린트해야 할 때는 먼저 한 장만 시험 삼아 뽑아본 다음 나머지를 출력하는 것이 안전하다. 킨코스는 지점별로 구비된 종이가 다를 수 있다. 여러 곳에 지점이 있으니 가까운 곳을 찾아가면 된다. 대학교 주변에 많은 복사·인쇄집들도 여러 가지 샘플 종이를 비치하고 있으므로 종이를 직접 골라보도록 하자.

A4 사이즈 종이로는 6.2×6.2cm 크기의 라벨을 12개 만들 수 있다. 종이를 자를 때 그림이 잘려나갈 수 있는 점을 감안해 라벨 이미지와 A4 용지 테두리 사이에 어느 정도 재단 여분을 두어야 한다.

쉽고 간단한 라벨 달기

프린트도 했으니 양초에 라벨을 달아보자. 펀치로 라벨에 구멍을 뚫어 간단히 끈만 달아도 좋지만, 깔끔하게 마무리하려면 아일렛(Eyelet)을 사용하는 것이 좋다. 아일렛은 대형 문구점이나 화방에서 살 수 있다.

1 아일렛 펀치와 아일렛을 준비한다.

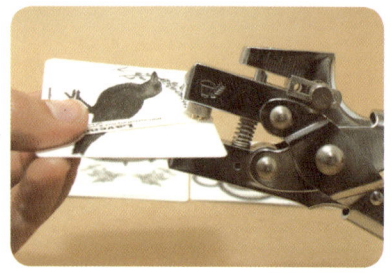

2 아일렛 펀치를 이용해 라벨에 구멍을 뚫은 다음, 구멍에 금색 아일렛을 끼우고 아일렛 펀치로 꾹 눌러 고정한다.

• PART 05 양초, 더 흥미롭게 만들기

3 아일렛을 눌러 고정시키면 사진과 같은 모양이 된다.

4 아일렛 구멍에 끈을 끼운 뒤 컨테이너 양초에 빙 둘러 묶어 주면 완성.

양초를 즐기는 포장, 환경을 살리는 포장

천연, 유기농, 친환경을 외치면서 소이 왁스로 양초를 만들어놓고 거창한 포장과 쓰레기통으로 직행할 라벨을 만드는 것은 이율배반적인 태도다. 버리는 것을 최소화하고 최대한 재활용하는 것이 친환경이라는 단어에 부끄럽지 않은 일이다. 그리하여 '포장은 되도록 최소한으로'라는 원칙을 세웠다.

 박스처럼 부피가 큰 포장재는 되도록 피하고, 최소한의 재료만 사용하면서도 양초를 가장 잘 표현할 수 있는 방법을 연구해보자. 의외의 포장 방법을 찾아냈을 때의 기쁨도 꽤 쏠쏠하다. 양초를 포장할 때는 일단 손을 많이 움직이는 것이 좋다. 이리저리 손을 움직이다 보면 의외의 포장 방법이 나오기 마련이다. 부엉이 양초의 경우 습자지 한 장과 스티커 몇 개, 부엉이 깃털을 표현하는 간단한 펜 드로잉만으로 포장지 안에 숨어 있는 부엉이 양초를 표현할 수 있다. 양초의 표면도 어느 정도 보호하고 위트 있게 부엉이 양초의 특징을 보여주는 포장이다.

 뚜껑이 없는 컨테이너 양초는 표면이 오염되기 쉬우므로 입구를 종이로 막는 정도의 포장만 한다. 만약 향료를 넣은 양초라면 종이가 향이 날아가는 것을 어느 정도 막는 역할도 한다. 크리처 초처럼 모양이 독특한 양초는 장식물이 부러지지 않도록 어쩔 수 없이 박스를 사용해야 한다. 박스에 양초를 넣고 라벨을 끈으로 묶어 박스 겉면에 두르면 깔끔하게 포장된다.

예쁜 끈은 어디서 구하지?

라벨에 활용할 예쁜 끈을 구하고 싶다면 동대문으로 발길을 돌려본다. 동대문 평화시장은 원단 시장이 유명하지만 액세서리 부자재나 포장 리본을 파는 곳도 있다. 1~4층까지는 원단 시장, 5층은 잡화 및 부자재 시장이다. 이곳에서는 선물을 포장하는 두꺼운 리본은 물론 팔찌를 만들 수 있는 얇은 실, 구슬과 같은 다양한 부자재를 판매한다. 끈 종류의 경우 일정한 길이로 잘라서 팔기 때문에 먼저 가격을 물어보고 구매하는 것이 좋다. 하지만 물건이 워낙 많기도 하고 상인들도 매우 바빠 자세하게 묻기 어려우니 원하는 색이나 재질을 대강 마음속으로 정하고 가는 것이 좋다. 지하철 1, 4호선 동대문역 8번 출구 혹은 지하철 2, 4, 5호선 동대문역사문화공원역 13번이나 14번 출구로 나가면 쉽게 찾을 수 있다.

동대문까지 나가기도 귀찮고 돈을 들여 끈을 사는 것이 부담스럽다면 집에 있는 자수실을 활용하는 것도 한 방법이다. 할로윈 양초의 라벨 끈은 주황색과 검정색 자수실 두 가지를 꼬아서 만든 것이다.

요즘에 나오는 상의는 옷걸이에 걸었을 때 옷이 흘러내리는 것을 막기 위해 어깨 양쪽에 끈이 달려 나온다. 이 끈들은 두께나 길이 모두 라벨을 달기에 알맞다. 이처럼 조금만 시각을 바꾸면 주위에서 흔히 볼 수 있는 부자재들이 양초 라벨을 위한 멋진 재료로 변신한다는 것을 기억하자.

라벨 끈 재활용하기

사용하던 라벨 끈이 너무 예뻐 버리기 아깝다면 여름 팔찌로 재활용하자. 라벨 끈 그대로 실 팔찌로 활용할 수도 있고, 실증이 나거나 유행이 지나 사용하지 않는 액세서리를 달아 팔찌를 만들 수도 있다.

1 사용하던 라벨에서 끈을 떼어낸다.

2 팔찌 끝을 마무리하는 데 필요한 팔찌 연결 고리와 함께 작고 동그란 고리를 여분으로 구입하면 더 좋다. 팔찌 마감 재료는 동대문 평화시장 5층이나 액세서리 부자재를 파는 온라인 쇼핑몰에서 구입할 수 있다.

3 원하는 모양의 액세서리를 끈에 끼운다.

4 사진처럼 팔찌 연결 고리를 끼우고 펜치로 꼭 눌러 고정한다.

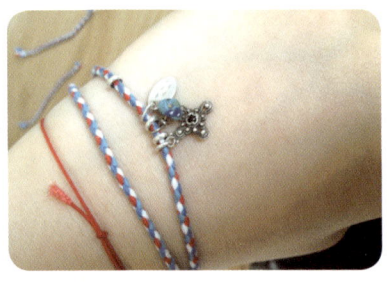

5 양초의 라벨 끈이 멋진 팔찌로 완성.

2:
더 아름다운 불꽃을 위한 양초 관리법

양초 관리하기

양초도 관리가 필요하다. 심지가 너무 길면 불꽃이 지나치게 커져 그을음이 생길 수 있고 빠르게 타버린다. 또는 양초의 가운데 부분만 타 내려가는 터널 현상이 생길 수도 있다. 초를 끄는 방법과 불을 붙이는 방법도 여러 가지다. 기본적인 양초 관리법을 알고 있으면 양초를 즐기며 깨끗하게 태울 수 있다.

심지 관리하기

양초의 표면으로 드러나는 심지 길이는 3~5mm 정도가 적당하다. 앞서 말한 것처럼 심지가 길면 불꽃이 커지고 불안정하게 흔들리며 연기와 그을음이 많이 생긴다. 양초가 빨리 타서 경제적으로도 손해다.

 양초의 불을 껐을 때 심지에 생기는 까만 부분은 손으로 잘라낸다. 손으로 잘라지지 않는다면 손톱깎이를 이용하자. 면 심지를 관리하는 도구에는 윅 트리머(Wick Trimmer)가 있다. 가위처럼 생겼지만 끝이 꺾여 있어 깊은 병 안에 있는 심지도 자를 수 있다.

소이캔들 만들기 •

심지가 왁스에 파묻혀 불이 붙지 않는다면 심지 주변의 왁스를 조금 파낸다. 표면이 망가지겠지만 불을 붙여 고르게 태우면 다시 평평해진다. 파낸 왁스는 그냥 버려도 되지만 심지가 너무 길어져 불꽃이 클 때 넣으면 심지를 자르지 않고도 길이를 조절할 수 있다.

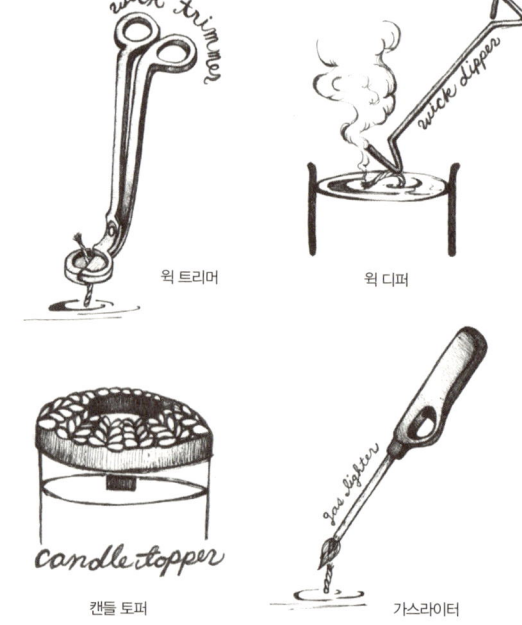

윅 트리머   윅 디퍼

촛불 끄기

촛불을 입으로 끌 때는 바람을 살짝만 불어야 한다. 너무 세게 불면 왁스가 사방으로 튈 수 있기 때문이다. 가장 좋은 방법은 뚜껑을 덮는 것이다. 그러면 연기가 올라오지 않고 향도 날아가지 않는다. 나무 심지보다 연기가 많이 나는 면 심지의 경우 윅 디퍼(Wick Dipper)를 이용해 심지를 녹은 왁스에 담가 불을 끄면 연기가 덜 올라온다.

캔들 토퍼   가스라이터

터널 현상 해결하기

터널 현상이란 양초 가장자리의 왁스는 녹지 않고 안으로만 파고들며 타는 것을 말한다. 이 현상을 방지하는 가장 좋은 방법은 양초의 표면이 골고루 녹을 때까지 태우는 것이다. 특히 양초를 처음 켤 때는 두 시간 이상 태워 녹은 왁스의 높이가 모두 같게 만든다.

그러나 터널 현상이 생겼다고 좌절할 필요는 없다. 너무 깊지 않은 터널은 포일로 뚜껑을 만들어 간단하게 해결할 수 있다. 양초에 불을 붙인 채 포일에 구멍을 뚫어 뚜껑을 씌워주면 열기가 갇혀 가장자리의 왁스가 녹는다. 물론 이러한 포일 뚜껑의 고급 기성품 버전인 캔들 토퍼(Candle Topper)라는 것도 있다.

양초에 불 붙이기

양초에 처음 불을 붙일 때는 일반 라이터를 이용해도 되지만 양초가 많이 타 내려가 심지가 낮아지면 보통 라이터로는 불을 붙이기 힘들다. 이럴 때는 주둥이가 긴 가스라이터를 이용하는 것이 좋다. 가스라이터가 없다면 나무젓가락에 불을 붙여 사용해도 된다.

컨테이너 깨끗이 관리하기

양초를 태우다 보면 컨테이너 표면이 더러워지기 마련이다. 왁스가 들러붙기도 하고 그을음도 묻어 보기에 좋지 않다. 소이 왁스는 파라핀과 달리 매우 부드럽기 때문에 휴지로도 잘 닦인다. 컨테이너에 왁스나 그을음이 많이 들러붙었다면 물티슈로 꼼꼼하게 닦은 후 마른 휴지로 마무리한다.

컨테이너 재활용하기

양초가 모두 탄 뒤 컨테이너 바닥에 남은 왁스는 나무젓가락처럼 긴 도구를 이용해 최대한 긁어낸 다음 휴지로 깨끗이 닦아낸다. 컨테이너 안의 왁스를 최대한 제거하고 따뜻한 물과 세제로 닦으면 새 컨테이너처럼 깨끗해진다. 이렇게 닦아서 다시 양초 컨테이너로 재활용하면 된다.

다 태운 양초의 컨테이너는 간단한 세척 후 바로 식음료용으로 사용해도 되지만, 이런 세척 과정만으로는 찝찝하다면 물에 넣고 끓여 소독을 한 다음에 사용한다. 컨테이너가 스테인리스 재질이라면 바로 뜨거운 물에 넣어도 된다. 그러나 유리 재질일 경우 끓는 물에 넣으면 절대로 안 된다. 유리는 급격한 온도 변화에 매우 약하기 때문에 온도를 천천히 올려야 한다. 따라서 유리 컨테이너를 소독할 때는 찬물에 넣고 서서히 온도를 올리며 끓여야 한다.

대략 10분 정도 끓인 뒤 집게로 꺼내서 차갑지 않은 곳에 둔다. 손 대면 뽀드득 소리가 날 것 같은 유리 컨테이너로 재탄생할 것이다. 단, 끓는 물에서 꺼낸 뒤 바로 차가운 곳에 두어도 유리가 깨질 수 있으므로 주의한다.

도구 관리하기

자루 스테인리스 비커

비커에 남은 왁스는 굳혀서 나무젓가락과 같은 도구를 이용해 조각내면 쉽게 떨어진다. 비커에서 떨어진 왁스는 나중에 티라이트 양초처럼 적은 양의 왁스가 필요한 초를 만들 때 사용할 수 있으니 따로 잘 보관해둔다.

그 다음 비커를 핫플레이트에 살짝 달궈 왁스 찌꺼기를 모두 녹인 뒤 휴지로 깨끗이 닦아낸다. 염료를 사용했던 비커는 휴지로 왁스를 닦아낸 뒤 뜨거운 물과 세제로 깨끗이 세척한다. 염료가 조금이라도 남아 있으면 다음 양초를 만들 때 색이 묻어나므로 구석구석 꼼꼼히 세척한다.

실리콘 몰드

계속 하얀색 왁스만 사용했다면 별 문제가 없지만 염료를 사용하고 난 다음 하얀색 왁스로 양초를 뜨고 싶다면 실리콘 몰드를 뜨거운 물로 깨끗이 닦아야 한다. 사용하지 않는 칫솔을 이용해 구석구석 닦아주면 더 좋다. 가끔 실리콘 몰드를 삶아 불순물을 완전히 제거하는 것도 좋은 방법이다. 실리콘은 열에 매우 강하기 때문에 끓는 물에 삶아도 괜찮다.

계량스푼

계량스푼은 각 향마다 한 세트씩 준비하는 것이 제일 좋다. 만약 계량스푼이 한 세트밖에 없다면 사용한 즉시 휴지로 닦는다. 에센셜 오일이나 프레그런스 오일을 사용한 후 바로 닦지 않으면 잔향이 남을뿐더러 스푼이 끈적끈적해진다.

핫플레이트

핫플레이트를 오래 쓰다 보면 여기저기에 왁스 찌꺼기가 낀다. 이럴 때는 나무젓가락에 휴지를 감아 왁스를 떼어내고 물티슈나 헝겊으로 깨끗하게 닦아준다.

· 소이캔들 만들기 ·

양초를 안전하게 담는 멋스러운 캔들 홀더

푸딩 틀을 이용한 양초나 티라이트 양초는 용기가 쉽게 뜨거워지는 것이 단점이다. 알루미늄 컨테이너를 사용한 양초에 불을 켜면 곧 뜨거워져 손으로 잡으면 데일 수 있다. 괜히 손으로 잡으려 들지 말고 캔들 홀더(Candle Holder)를 준비하면 안전하게 사용할 수 있다. 캔들 홀더는 시중에서 쉽게 구할 수 있지만 집에 있는 컵이나 병, 그릇으로도 충분히 멋진 홀더를 만들 수 있다. 사용하지 않는 용기에 양초를 얹고 다양한 소품을 곁들이기만 해도 좋다.

돌과 조개껍데기를 이용한 작은 연못

사진과 같이 예쁜 유리 그릇이나 컵, 흠집이 생겨 못 쓰는 화채 그릇을 작은 돌과 조개껍데기 등으로 채우고 가운데에 양초를 놓는다. 용기에 물을 채우면 천연 가습기로도 활용할 수 있다.

먹지 못하는 커피 원두의 재활용

오래되어 먹지 못하는 커피 원두로 컵을 가득 채운 뒤 가운데에 티라이트 양초를 놓아도 예쁜 홀더가 된다. 은은한 커피 향은 보너스다.